CW00825718

Un banquete para los Dioses

Agustín Remesal:
Un banquete para los Dioses

Comidas, ritos y hambres en el Nuevo Mundo

El Libro de Bolsillo
Alianza Editorial
Madrid

© Agustín Remesal
© Alianza Editorial, S. A., Madrid, 1993
   Calle Telémaco, 43; 28027 Madrid; teléf. 741 66 00
   I.S.B.N.: 84-206-0625-1
   Depósito legal: M. 15.118/1993
   Fotocomposición: EFCA
   Impreso en Fernández Ciudad, S. L.
   Catalina Suárez, 19. 28007 Madrid
   Printed in Spain

A LA CONQUISTA DE LA DESPENSA ULTRAMARINA

1. En algún lugar del Caribe: el primer banquete común

Cuentan de Tántalo, rey de Paflagonia (Asia Menor), que quiso un día invitar a los dioses del Olimpo a un festín; el banquete contenía, entre otros atractivos gastronómicos, la carne en estofado de Pelop, supuesto hijo adulterino de su mujer Eurinasa. Parece que fue éste el primer esfuerzo del hombre en la cocina.

Ni la reverencia de una leyenda (la del sospechoso origen divino de los recién llegados), ni el temor de la solemne circunstancia aconsejaron semejante exceso, a la hora del menú, a los curiosos habitantes de Guaraní aquel domingo, 14 de octubre. Así decidieron ellos servir el primer abastecimiento del Nuevo Mundo a los visitantes del otro lado del mar: «Los unos nos traían agua —relata Colón [1]—, otros otras cosas de comer... Se echavan a la mar nadando y venían y entendíamos que preguntavan si éramos venidos del cielo. Y vino uno muy viejo en el batel dentro, y otros a boces grandes llamavan todos, hombres y mugeres: —venid a ver a los hom-

bres que vinieron del cielo, traedles de comer y de bever».

Sobre la arena fina de una minúscula bahía, hoy dedi-
cada a un incógnito Fernández, se organiza el primer suministro: frutas frescas y agua potable. Las carabelas se
mecen en el largo, con sus bodegas mediadas tras un mes
y pico de travesía oceánica sin escala. Exageró Colón en
sus cálculos cartográficos la distancia a recorrer entre la
Gomera y la «extraña ínsula», tanto como sus marineros
el tamaño y la fealdad de los monstruos vistos o imagina-
dos. La expedición hubiera contado con víveres suficientes para llegar a Cipango; pero se le atravesó América en
el camino.

Tal disponibilidad y colaboración allí anunciadas no
podían dar razón a quienes temieron las hambrunas que
habrían de sufrir muy pronto. El Almirante contrarresta,
desde las primeras páginas de su *Diario*, esos temores con
el más idílico de los cuadros gastronómicos. El bodegón
contiene pan de *niamas*, que son unas raíces como rábanos grandes, pescados (albures, salmones, pijotas, gallos,
pámpanos, lisas, corvinas, camarones y sardinas); *mames*,
faxoes y fabas, miel de azúcar... y hasta yerbas y flores
odoríferas. Hay poca carne en esta dieta, y en vista de que
no ve ni ovejas ni cabras, el Almirante se conforma con la
piel de una sierpe como botín primero de gran Descubridor. Más tarde habrían de llegar el oro y las cenizas.

Se sirve muy frecuentemente aquel primer condumio a
los visitantes, según reitera Colón, de la mano de mujeres
de «lindos cuerpos»; y eran ellas las primeras que venían
a dar gracias al cielo y traer cuanto tenían, en especial cosas de comer. En este supermercado funcionaban como
dinero «cuentas de vidrio y sortijas de latón y cascabeles,
no porque ellos (los indios) demandasen algo, sino porque le parecía (al Almirante) que era razón...» [2].

El inicial paraíso del Caribe se completa, para honor de

príncipes y loor de conquistadores recién llegados, enfatizando la hermosura así de hombres como de mujeres, la bondad de las tierras (que ninguna comparación tienen las de Castilla, las mejores), la limpieza de los aires como en abril... «Cantaba el ruiseñor y otros paxaritos como en el dicho mes en España, que dicen que era la mayor dulzura del mundo; los grillos y las ranas se oían muchas; los pescados como en España»[3]. ¡Es difícil sobrevivir a tanta felicidad!

Así, con mucho esmero, teje Cristóbal Colón la mejor propaganda del descubrimiento nada más tocar Tierra Firme, con la misma aplicación que, de ser cierto el lance, habría usado al exhibir el acertijo del huevo para convencer de la conveniencia de la inversión financiera a sus muy Católicas Majestades. Si al centenar escaso de ilustres marinos de las tres carabelas habían de seguir miles de aventureros, bueno sería dejarles garantizado el sustento, satisfecha la diversión y segura la existencia. Se da por cierto en el primer anuncio transatlántico que los indígenas son gente generosa, y todo lo dan, la carne y el pescado. El condumio es sano y muy parecido al de la meseta de Castilla, pregona el infatigable Colón; además, el bastimento resulta sumamente barato. Las necesidades materiales están al fin resueltas y el negocio en marcha.

Insiste el genovés en la búsqueda de canelas, cominos y pimientas para el capítulo de los negocios, que para eso había él proyectado tan azaroso viaje a Cipango; pero su recluta, desde el capitán al marmitón, decide ocuparse más de oros y de perlas. Para los espíritus sensibles al exotismo añade don Cristóbal algunas notas, como perdidas entre su prosa alegre y optimista: perros que no ladran, posible existencia de hombres con un solo ojo y otros «con hocicos de perro que comían los hombres y luego le cortaban su natura...»[4]. Los pintores más coloristas de siglos venideros rescatarían este inspirado guión para asustar a sus acomodados clientes con tales espantos impresos en telas y grabados.

Su buen olfato de navegante no le bastó a Colón ni pronto ni tarde para percatarse de que entre los negocios más prósperos de las Indias no habría de contarse el de las especierías y sí, por ejemplo, el del humo para el final del banquete. En efecto, bien pronto perderían los autóctonos el monopolio del placer del cigarro, o en palabras de presente, «mugeres y hombres, con un tizón en la mano, las yerbas para tomar sus sahumerios» [5] que adormecen las carnes.

El gusto amargo de la «extraña ínsula»

No es pequeña maravilla la adaptación acelerada de los labradores y los ganaderos sedentarios, que llegaban de la parte seca y llana de la Península, a los gustos de un paladar tan diferente; el suyo se derretía de felicidad cuando le era dado engullir carnes de pocilga y de corral sin mesura y en todas las estaciones. Sin embargo, el ancho océano puso por medio las tempestades que impidieron al Arca de Noé asegurar en el otro lado esa dieta sabrosa de grasas y legumbres mesetarias.

Causa asombro constatar las condiciones de supervivencia, rayanas en el milagro, que vivieron aquellos navegantes de nueva patente, acostumbrados a su terruño, cuando hubieron de afrontar sin previo aviso ni entrenamiento situaciones marítimas como la que describe Pigafetta en su interesado relato de la primera vuelta al mundo: «La galleta que comíamos no era ya pan, sino un polvo mezclado con gusanos, que habían devorado toda la sustancia y que tenía un hedor insoportable por estar empapado en orines de rata» [6]. Para no morir de hambre en el estrecho de los Patagones, aquel 28 de noviembre de 1520 los marineros de Magallanes se comen el cuero que cubría el palo mayor: «Estaba tan duro que había que remojarlo en el mar cuatro o cinco días..., hasta las ratas, tan repugnantes al hombre, llegaron a ser un manjar tan caro, que se pagaba cada una a medio ducado».

Así dejó escrito Antonio de Pigafetta en su *Diario*, cuando la tripulación de Magallanes embocó el Pacífico. Quede constancia de que una rata se cotizaba a cuatro escudos veinte años más tarde, en la escuadra peruana de Pizarro. ¿Qué se hizo de tanta felicidad primera descrita por Cristóbal Colón en su alegato publicitario? Las horas largas de los grandes descubrimientos comenzaron inmediatamente después de que los españoles penetraran las tierras firmes o alcanzaran a través de la mar océana latitudes menos acogedoras que las del Caribe. Entonces los cerdos, los garbanzos y la galleta desaparecían de las bodegas, consumidos o podridos, a las pocas semanas de navegación y dejaban paso libre a la hambre negra.

Retrato de Colón, agente de publicidad

Si cada arma explica el estilo de la guerra y también la psicología del hombre que la utiliza, como afirmaba Spengler, la forma de alimentación exige el primer esfuerzo de adaptación y determina la táctica de una conquista y los resultados de la misma. La aventura gastronómica de los españoles en América no comenzó precisamente con la escena de los paladares que hallan desconocidos placeres, aunque así se pintó mil veces junto a la del Almirante, que por cuenta de Castilla planta su estandarte en una playa del Caribe.

Los más finos colores de los gallos que él describe «azules, amarillos, colorados y de todas las colores del mundo, tan finas que no hay hombre que no se maraville y no tome gran descanso a verlos»[7] no indican que hayan de ser desplumados de inmediato y metidos en la cazuela... Tampoco estaban en todas partes, como pretendía Colón nada más llegar, los «árboles de mil maneras que todos dan de su manera fruto, y todos güelen que es maravilla». Don Cristóbal no descuida señalar con atención y enseñar la maravilla: junto a la belleza de los cuerpos desnudos de las mujeres (que ni siquiera traen «cosas de algodón para ocultar su natura» y tientan por tanto la lascivia de los cristianos) se colocan los manjares: pan de *ajes*, *gonça* avellanada, y cinco o seis maneras de frutas «de las cuales mandó traer a los Reyes»[8]. La cesta es variada y vistosa, aunque la marinería castellana y extremeña le asigne muy escasas propiedades gastronómicas.

Este «¡viva la cornucopia!» es asunto casi exclusivo de italianos. Pietro Martire d'Anghiera, protoespía en Castilla por cuenta de los milaneses, recopila años más tarde la experiencia del descubridor genovés, quien creyó haber llegado a la salomónica isla de Ofir. Dicta aquél en su preciso informe, cuya edición recorriera muy prematuramente la Europa de las cortes y de los cartógrafos, los grados de paralelos y meridianos, y resuelve el contenido del condumio local, en la Isabela, de la siguiente guisa: «En la ribera del río marcaron muchos huertos para cultivarlos, y en menos de dieciséis días después de la siembra, llegaron a plena maduración verduras de muchas clases, tales como rábanos, lechugas, berzas, nabos y otras similares. Recolectaron *poponi*, calabazas, *cetrioli* y otros frutos similares a los treinta y seis días de la siembra»[9]. La primera cosecha «civilizada» del Nuevo Mundo no pudo ser ni más abundante ni más puntual.

El de Anghiera, certero refundidor de las diligencias redactadas por el Almirante, comunicó a Su Majestad en la *Storia dell'Indie occidentali* (1525) algunos sabrosos y pacíficos hallazgos de los primeros exploradores castella-

nos, bajo la mansa férula de Colón; es un lujoso intento
de demostrar que, en aquella primera hora, las cosas iban
mejor que cuando Cortés andaba poblando con gran premura, mucho esfuerzo y mayor astucia las tierras mexicanas de Tenciz, Aculán y Nito.

Narra además Pietro Mártire que un buen día el Almirante mandó veinticinco hombres armados a que explora-
sen con diligencia para saber qué gentes poblaban aquellas
tierras insulares. La avanzadilla dio con unas huellas «de
grandes animales, y pensando que fueran de leones se dieron la vuelta por otro camino, en el que encontraron una
selva de árboles en los cuales se enganchaban vástagos pro-
ducidos por la naturaleza cargados de grandes racimos de
uvas dulcísimas y otros árboles de los que colgaban frutas
muy olorosas y aromáticas...» [10]. Ni Camoens apretó tanto
los colores y los olores al descubrirnos en *As Lusiadas* las
felicidades frutales del gran barbudo Vasco de Gama, viajero más dichoso él por las costas de la India oriental.

Sólo algunas apreciaciones tardías tan religiosas como
bienintencionadas de ciertos clérigos se asemejan a estos
paraísos perdidos con que se topan los europeos por doquier y sin mapas que los señalen a principios del
siglo XVI. El argumento eclesiástico, generalmente basado
en citas bíblicas, tiene como principal finalidad constatar
la «providencia y riqueza del Creador, que repartió a tan
diversas partes del mundo tanta variedad de árboles y
frutales... Es cosa admirable ver tantas diferencias de he-
churas y gustos y operaciones no conocidas ni oídas en el
mundo» [11]. Para que el cuadro quede completo José de
Acosta, el jesuita de ojo muy certero, completa el paisaje
«a lo Archimboldo» defendiendo la existencia en San
Juan de Puerto Rico de un árbol que cada luna echaba un
racimo nuevo de cocos, «de manera que da doce frutos al
año, del tamaño de un meloncete pequeño, como lo que
se escribe en el Apocalipsis».

Se inaugura el primer supermercado transatlántico

Hacer el matalotaje de vinos, cecina, bizcocho y gallinas le costó al reverendo padre Diego de Ocaña, de la
Orden de los Jerónimos, allá por el año 1599, mil quinientos reales, para sí y para otro compañero de misión.
La mayor parte del gasto de las armadas o de las misiones
vicarias que partían hacia el Nuevo Mundo se dedicaba,
precisamente, al condumio; no por la calidad del mismo
ni por su abundancia, sino por lo difícil de la travesía y lo
incierto del abastecimiento.

Sin embargo, las primeras noticias de la conducta alimentaria de los descubridores se refieren al comercio que,
en forma de trueque, se inicia entre ambos mundos. Apenas dos días después de tocar tierra en La Española, Colón apunta en su *Diario* las compensaciones en especie
por la comida que, aun a nado, les traen a los barcos los
aborígenes: la dan por cualquier cosa, apunta el Almirante, que «fasta los pedaços de las escudillas y de las
taças de vidrio rotas rescatan». De la mansedumbre de
aquellas gentes da cuenta el gran jefe de la expedición diciendo que «no tienen varas ni azagayas», y da orden a
sus hombres de que paguen todo cuanto reciban. Él
mismo muestra el ejemplo pagando al contado la comida
y los papagayos que le trajo un gran señor en la isla de
Santo Tomás [12] «con tan franco coraçon que era maravilla»: cuentas de vidrio y sortijas de latón y cascabeles fueron las divisas empleadas aquel día.

Téngase, en fin, como referencia bursátil de esta moneda en los primeros trueques ultramarinos el señalamiento que hace Pigafetta en la relación del viaje alrededor del Globo, y el ambiente de buen entendimiento que
reinaba al fijar los precios y la baratura de los mismos en
la recién inaugurada lonja brasileira de «la patata, la caña
dulce, carne de anta... Hicimos ventajosísimos cambios:

por un anzuelo o un cuchillo nos dieron cinco o seis gallinas; por un peine, dos gansos: por un espejito o un par
de tijeras, el pescado suficiente para comer diez personas;
por un cascabel o por una cinta, los indígenas nos traían
un cesto de patatas»[13]. En el colmo de las rebajas, el cronista se admira de cuántas raciones pueda dar de sí una
simple baraja castellana: «por un rey de oros me dieron
seis gallinas, y aun se imaginaban haber hecho un magnífico negocio».

El hambre desbocada obligó un mal día al esforzado
Cabeza de Vaca a pagar caros dos perros (quizás se tra-
tase de coyotes): andaban él y sus compañeros de fatigas desnudos y desesperados no lejos de la desabrida
costa californiana cuando hubieron de dar a los indios
por esa ración canina «unas redes y un cuero con el que
yo me cubría»[14]. Tales penurias ponen en el mercado
toda suerte de artilugios con tal de obtener un leve re-
frigerio.

Sólo las interpretaciones primarias de estos negocios
en descampado pueden llevar a la conclusión de que en
tales trueques había engaño o estafa. Eran otros tiempos
y otras tierras. La semejanza del comportamiento de los
nativos en América y en Asia, simple y generoso, fue
otro de los detalles que indujo a Colón a la más grave de
sus confusiones: la identificación del continente al que
había llegado. La seducción que ejercía sobre los indios
el brillo de un cristal o la hoja de un cuchillo no era mayor que la utilizada por los vendedores de artefactos
electrónicos en nuestra era informatizada y altamente ra-
cional, según creemos. Compárense precios, materiales y
utilidad de los instrumentos antes de llegar a la fácil conclusión de que los aborígenes vendían su alma por cualquier estampita.

La más negra hambre que en el mundo ha sido

La estricta dieta peninsular de los primeros conquistadores chocaba con las nuevas comidas de forma radical, ya que sus papilas no estaban acostumbradas, aún menos que las nuestras, a lo exótico. La monotonía gastronómica medieval fue una de las víctimas, no por silenciosa menos apreciable, del encuentro de los dos mundos. En el Nuevo, los recuerdos de esos tiempos iniciales se refieren también a lo corto del menú y a las permanentes carestías, es decir, al amargo sabor del hambre.

La odisea del jerezano Alvar Núñez Cabeza de Vaca es el más patente balance alimentario sustentado en el hambre. La expedición del mejor andarín de las Américas recorrió obligadamente unos 10.000 kilómetros en nueve años, desde las ardientes playas de Florida hasta la esclavitud bajo el cacique de los Mariames en tierras de México. Todo buen descubrimiento, a lo visto, tiene que comenzar en riguroso ayuno, por lo cual se dará después razón de las penurias estomacales de las escuadras más notables: la mexicana de Cortés y la peruana de Pizarro.

El sábado día 1 de mayo de 1528, cuenta el aventurero en su libro *Naufragios* [15], el gobernador Pánfilo de Narváez mandó dar a cada uno de los 300 hombres de la expedición dos libras de bizcocho y media libra de tocino. Lo exiguo del talego no hacía suponer que la tropa pasaría más de dos semanas sin toparse con otra cosa que comer como no fueran «palmitos de la manera de los de Andalucía». Un encuentro poco amistoso con los indios da por resultado la captura del primer botín de comida («gran cantidad de maíz que estaba ya para cogerse»), lo cual fue celebrado con algunas preces de acción de gracias por los aventureros a la sazón poco curtidos todavía, y ya fatigados por el hambre.

El maíz y los palmitos componen las dietas de la abundancia o de la privación, sazonadas con la permanente pendencia frente a los indios. El día 22 de septiembre del aquel mismo año los 242 hombres que quedaban asaron la carne del último caballo, y el gobernador dio la orden de subir a las barcas y, apretujados, abandonar aquella tierra de miseria y necesidad. Salieron, sí, de la bahía de los Caballos, así bautizada en memoria de los équidos consumidos, hacia «una mar tan trabajosa y sin tener noticia de la arte de marear ninguno de los que allí íbamos», según dice Cabeza de Vaca [16]. Siete días anduvieron medio náufragos en cinco barcas los hombres de Narváez, se pudrieron todos los alimentos y se consumió el agua dulce. Aquella navegación a ciegas terminó cerca de la desembocadura del Misisipi, donde un cacique les socorre con cántaros de agua y pescado seco.

Los padecimientos finales de esta expedición maldecida merecen una de las más dramáticas descripciones que registra la historia mundial de los viajeros con mala estrella. Iban los seis cristianos supervivientes y caídos ya en cautiverio a comer fruta de unos árboles, a la espera de la cosecha de las *tunas* casi en sazón. Enfermos, flacos e hinchados andaban los expedicionarios «porque en todo el día no comíamos más de dos puños de aquella fruta» [17]. La hecatombe final cae sobre las espaldas de Alvar Núñez, de profesión solitario, que muda dos veces al año su cuero como las serpientes, dice, a causa de su desnudez; se hace fabricante de esteras para los jefes indios, quienes le mandaban «raer cueros y ablandarlos; y la mucha prosperidad en que yo allí me vi era el día que me daban a raer alguno, porque yo lo raía muy mucho y comía de aquellas raeduras, y aquello me bastaba para dos o tres días».

Con la misma precisión y recias palabras describe Cortés la penuria que hubieron de sufrir él y los suyos en fuga tras la Noche Triste. El descalabro de la batalla de Otumba coloca en el límite de la aniquilación a los fugiti-

vos, cuando tratan de abrirse paso entre la mucha cantidad de indios que los acosaban por todas partes. He aquí
el lamento y el rancho: «y nos mataron un caballo, que
aunque Dios sabe cuánta falta nos hacía y cuánta pena re-
cibimos por habérnoslo muerto..., nos consoló su carne,
porque la comimos, sin dejar cuero ni otra cosa dél, según
la necesidad que traíamos; porque después de que de la
gran ciudad salimos, ninguna otra cosa comimos sino
maíz tostado y cocido, y esto no todas veces ni abasto, y
yerbas que cogíamos por el campo» [18].

El primer envite hacia el sur del Panamá para ver de
conquistar el ignoto y dilatado Imperio del Gran Inca
dejó a los españoles, según cuenta Cieza de León, «muy
flacos y amarillos, tanto que era lástima para ellos verse
los unos a los otros, y la tierra que tenían por delante era
infernal, porque aun las aves y las bestias huyen de habi-
tar en ella» [19]. Decide Montenegro ir a buscar abastos a la
isla de las Perlas, desde aquel nefasto «puerto del hambre», primer contacto con la costa peruana. Considérese
que, para no perecer, los expedicionarios contaban sólo
con un cuero de vaca que había en la misma nao «bien
seco y duro...». Montenegro prometió a sus amigos que,
dándole Dios buen viaje, procuraría con brevedad volver
a remediar la necesidad que les quedaba. «Y el cuero hacía pedazos, teniendolo en agua todo un día y una noche,
lo cocían y lo comían con los palmitos.»

Cieza, propagandista acérrimo de Pizarro, no pierde
aquella pintada ocasión, aun siendo comprometida, para
dorar la imagen de su capitán, presentando al señor de
Trujillo en plena faena de pescador: «Pizarro tuvo ánimo
digno de tal varón en no desmayar con lo que veía, antes
él mismo buscaba algunos peces, trabajando para los es-
forzar.» Y cuando los expedicionarios alcanzaron dos
años después las nieves perpetuas de los Andes, puesto ya
el ojo en en la fortaleza pétrea de Sacsahuamán, seguían

padeciendo la misma penuria en el estómago, aunque con
mayor fortuna. Allí, «socorriéronse con la carne de los
caballos que hallaron muertos de los que se helaron
cuando pasó don Diego de Almagro. Estaban tan frescos
con haber pasado cinco meses que parecían muertos de
aquel día»[20]. El antiguo porquero sabe que la moral de la
tropa merma y hasta se hunde cuando falta el rancho y ni
siquiera se entienden ya los insultos del enemigo.

En consecuencia, el primer aprendizaje que practicaron
los españoles en tan duro trance fue el de poner a prueba
lo escaso de su don de lenguas; y la primera adaptación fisiológica, la de sus estómagos a la avidez, que no les bo-
rró ni los ideales virtuosos o perversos ni los hábitos gastronómicos peninsulares. Los conquistadores tenían por
meta lejana la de hacerse ricos; pero más lloraron en
aquellos primeros días por un kilo de maíz que por una
onza de oro. Menos música y más carne, exclama hambriento el castellano Bernal Díaz cierto día que un cacique les dio un concierto. Nadie suponga, empero, que su
ayuno obligado contrastaba con el sustento de los nativos. Ni en la realidad ni en la literatura se alaba el plato
del indio; al contrario, los testimonios certifican la po-
breza de aquellos fogones indígenas. «Su comida (la de las
gentes de aquellas tierras), dice el ínclito fray Las Casas,
es tal que la de los Sanctos Padres en el desierto no parece
haber sido más estrecha ni menos deleitosa ni pobre»[21].

No es leche todo líquido blanco

Es regla segura para la catalogación de las cosas de comer la del paralelismo de sabores y apariencias entre frutos, carnes y bebidas. A ella recurren muy frecuentemente los primeros cronistas de Indias con el fin de
explicar a sus lectores, avisados y poderosos por lo gene-

ral, cuáles eran las manutenciones que se usaban en aquel lejano y nuevo mundo.

Siguiendo el calvario de Cabeza de Vaca en sus rigurosos *Naufragios* y en sus roñosos mantenimientos, nos topamos con el siguiente símil de mal agüero: «La cual fruta estaba verde; tenía tanta leche que nos quemaba las bocas; y con tener mucha falta de agua, daba mucha sed a quien la comía.» La conclusión da un toque a la misericordia cristiana, recordando los sufrimientos del «Redemptor Jesucristo, cuánto más sería el tormento de las espinas que él padeció que no aquél que yo entonces sufría» [22]. Si la carne de *anta* sabe a vaca y la patata a castaña, no habría porqué temer la diversidad de alimentos en el continente recién inventado. El sentido de la supervivencia, que es el más desarrollado del hombre; la resistencia a la adversidad que precede casi siempre a la diosa Fortuna; el engaño del paladar adoctrinándole con similitudes y en caso necesario el recurso a la ascética religiosa son algunas útiles disciplinas para doblegar paladares. Y en caso de extremo amargor, supóngase que el dicho mal gusto pertenece al de un benéfico medicamento...

Es esa la peripecia, contada por el padre Acosta, de la leche de coco, «de que suelen hacer vasos para beber, y de algunos dicen que tienen virtud contra la ponzoña, y para mal de hijada» [23]. El mismo naturalista indiano se niega a disputar sobre gustos cuando le predican la bondad de los *zapotes* o de los *chocozapotes* (si no estoy mal en el cuento, señala despectivo el modoso jesuita), «comida muy dulce y la color tira a la de conserva de membrillo... Esta fruta decían algunos criollos que excedía a todas las frutas de España». A él no se lo parece, proclama con la vena patriótica hinchada.

Los reflejos condicionados para aceptar o no el condumio americano recorren toda la escala social. Una hu-

milde patata debe ser catalogada como perteneciente al
reino de «los tubérculos, que tienen poco más o menos la
figura de nuestros nabos, y cuyo sabor es parecido al de
las castañas» [24]. Corresponde a la *escuela de los italianos*,
como de costumbre, el capítulo más lascivo de la teoría
en curso: es Pietro Martire, plagiario colombino por naturaleza y afición, quien se encarga de levantarnos los jugos gástricos. «Llegaron muchos indios con multitud de
regalos (la escena pertenece al primer atraque de las carabelas en Guaraní), como papagayos, conejos, pan y agua,
aunque los más llegaban con palomas más grandes que las
nuestras y de gusto más suave... que nuestras perdices» [25].
Cenaron el manjar los recién llegados y debió ser de gran
deleite, porque a la mañana siguiente el Almirante ordenó
decir misa cantada.

Gran ventaja proporciona en esto del comer la religión
católica, y muy en particular cuando se sufren situaciones
de extremada carestía, al no prohibir el consumo de ningún alimento porque sea considerado impuro. Los conquistadores recortaron su dieta, cuando les era permitida
cierta elección, sólo por esas extrañas fijaciones culturales
que los antropólogos se esfuerzan inútilmente en explicar. Es judeocristiana la precaución de considerar impuro
a todo bicho que se arrastra. Pero las iguanas, los lagartos
y las culebras de las Nuevas Indias sobrevivían a la caza
del conquistador sólo si la circunstancia era acomodada,
si la gazuza no apretaba en exceso los estómagos. No
ocurrió así durante la jornada del capitán Alonso de Cá-
ceres, en la provincia de Urute, cuyos pormenores narra
Cieza de León. Hallaron en el río que dicen de San Jorge
un lagarto de «más de veinticinco pies de largo, y allí le
matamos con las lanzas, y era cosa grande la braveza que
tenía; y después de muerto lo comimos con la hambre
que llevábamos; es mala carne y de un olor muy enhas-
tioso; estos lagartos o caimanes han comido a muchos es-

pañoles y caballos y indios»²⁶. Mudaron aún más los signos de la gastronomía y se hicieron sopas de aquellas alimañas respetadas por asco durante tantos siglos.

Las modas en el comer obedecen a extrañas combinaciones y coincidencias en el tiempo y en el espacio, a las oleadas y ofertas de mar y tierra, de lo cocido y lo crudo, de lo frío y lo caliente. Las guerras y la religión suelen decidir en caso de duda.

México y Perú: dos despensas en el mismo continente

A fuer de simplificar en exceso, podría diseñarse el mapa alimentario de las tierras descubiertas a principios del siglo XVI de la siguiente manera:

MÉXICO: producto de mantenimiento: el MAÍZ.
          producto de afición: el CACAO
PERÚ: producto de mantenimiento: la PATATA.
          producto de afición: la COCA.
CARIBE: producto de mantenimiento: el PLÁTANO.
          producto de afición: el TABACO.

«Aunque el plátano es más provechoso, expone José de Acosta en su *Historia natural*, es más estimado el cacao en México y la coca en el Pirú, y ambos a dos árboles son de no poca superstición»²⁷. Como las plantas fueron creadas principalmente para mantenimiento del hombre, y éste se sustenta de pan, el agudo observador Acosta certifica de inmediato que en las Indias también lo hay, haciendo ya la diferencia geográfica: «En el Pirú lo llaman *tanta*... Ningún género de trigo se halla que tuviesen, ni cebada, ni mijo, ni panizo, ni esos otros granos usados para pan en Europa. En lugar de esto usaban... el grano de maíz.» Ya tenemos asegurado el evangélico pan nues-

tro de cada día. Ya las Indias han sido medianamente
acristianadas.

Tanto Pizarro como Cortés se percataron pronto de la
conveniencia de asegurar el mantenimiento de su gente, si
querían ser eficaces en sus acciones de conquista y evitar
levantamientos. Díaz del Castillo, con su probado rea-
lismo de varón bien nacido en Medina del Campo, deja
establecido el principio de la moral de la tropa. Narra
cómo Pedro de Alvarado se adentró por los pagos de
Costatán, por orden de Cortés, en busca de alimentos, «y
no pudo hallar sino dos indios que le trujeron maíz; y
ansí hobo de cargar cada soldado de gallinas y de otras legumbres, y volvióse al real... Y nos holgamos con aquel
poco bastimento que trujo, porque *todos los males e trabajos se pasan con el comer*» [28].

2. La lonja de la conquista

José de Acosta, reverendo padre jesuita natural de Medina del Campo, confiesa sin recelo haber sido degustador de ostras, en aquel final de siglo XVI aun llamadas *ostiones*, e incluso afortunado por el hallazgo de perla incorporada. El fraile nos regala una descripción de aquellas «conchas que tienen por de dentro unas colores del cielo muy vivas» [1], y no se priva de recordar al personal responsable el esfuerzo que exige tal granjería: los pobres buzos bajan «aun doce brazas en el fondo a buscar los ostiones..., el frío del agua allá dentro del mar es grande... y para que tengan aliento, hácenles a los pobres buzos que coman poco y manjar muy seco, y que sean continentes».

Cautivado ya por las delicias locales, el clérigo de San Ignacio remata una larga lista de exquiseces dando razón de las famosas almendras de Chachapoyas, «que nos les sé otro nombre, la fruta más delicada y regalada, y más sana de cuantas yo he visto en las Indias... Son de mucho jugo y sustancia, y como mantecosas y muy suaves»[2]. Aviados hubieran ido los invasores de imperios de haber fiado su dieta a ostras, almendras y otros apetitosos sustentos que caían abundantes sobre los manteles conventuales americanos antes de que se cumpliera el siglo desde la llegada de la primera misión colombina.

El preciado molusco, emblema de la codicia de ciertos encomenderos según el P. Acosta, y el elogiado fruto seco sólo son insólitos productos de la lonja para una colonización apenas establecida. Conviene advertir, empero, que hasta llegar a mesas tan bien surtidas los invasores pasaron apreturas y privaciones causadas sobre todo por la disponibilidad de manutención, muy limitada durante las primeras etapas bélicas, como se ha visto.

El conquistador, tanto en el Tahuantinsuyo andino como en las tierras que se dominan desde la laguna de Tenochtitlán, acelera la ocupación territorial a pesar de la escasez de sus escuadrones, a fin de organizar una original economía de guerra y de ocupación. «Quien no poblare, no hará buena conquista, y no conquistando la tierra no se convertirá la gente», advertiría sin remilgos y en reflexión de ausente el capellán y secretario privado de Cortés, Francisco López de Gómara.

Para desgracia de furrieles, no existía el árbol de las maravillas, el famoso *maguey* que tan razonadamente describe también el fraile Acosta, haciéndose lenguas de la dilatada producción del prodigio: «da agua y vino, y aceite y vinagre, y miel, y arrope e hilo, y aguja y otras cien cosas»[3]. El recado de coser, se advierte a los chapetones, está en la punta de la hoja, que es aguda y recia. Tales exotismos no dieron nunca de comer a los hambrientos guerreros castellanos. La despensa disponible solía ser más humilde y con sabores cruzados.

La experiencia para dar con el comestible apto (el miedo al envenenamiento asoma en cada degustación) es directa y rigurosa. El procedimiento se repite en cada muestra. No hay ni un solo cronista de la época, al norte y al sur del mar de los Caribes, que deje de citar a las *tunas*. Allí esta la frutilla, para matar el hambre de los soldados de Cortés, que se curan por la noche sus heridas quemándolas, y recibiendo asistencia de «un soldado, de nombre Juan Catalán, que nos las santiguaba y nos las ensalmaba» [4], recuerda Bernal Díaz del Castillo.

Descubrimos otro hambriento escuadrón que se nutre de *tunas*, el de Cabeza de Vaca y sus forzados, mientras dan servicio en régimen de esclavitud a los indios de Tierra Firme, quienes «traen la teta y el labio horadados... Para ellos el mejor tiempo es cuando comen tunas, porque entonces no tienen hambre, y todo el tiempo se les pasa en bailar, y comen de ellas de noche y de día» [5]. Completa esta improvisada elegía a la *tuna* el benemérito padre Acosta, que refiere la producción a la etapa de cuidados domésticos de la planta, cuya fruta es «mayor que las ciruelas de fraile, con carne y granillos como de higos, que tienen muy buen gusto y son muy dulces» [6]. Pocos frutos ultramarinos se presentaron tan dispuestos a la consumición del extranjero, pero el certificado de garantía pasó por memorables cuitas.

Nada hacía suponer, en efecto, el eventual perjuicio de aquella modesta tuna hasta que uno de sus primeros degustadores cristianos, el alcaide Fernández de Oviedo, se ve en peligro de muerte al comprobar el milagro cromático de su orina roja: «me puse en tanta sospecha de mi sangre, que quedé como atónito y espantado, pensando que de otra causa intrínseca o nueva dolencia me hubiese recrecido..., no osaba verter tanta (orina), quanta pudiera, o me pedía la necesidad por temor a desangrarme.».

La homologación de aquella oferta frutal con la cesta europea, y mayormente mediterránea, no se completará durante siglos a pesar de los esfuerzos y de los sobresaltos. El *maguey* milagroso nunca existió y la tuna quedó para siempre clasificada como arriesgado alimento de menesterosos aventureros, perdidos las más de las veces en desiertos tejanos y yucatecos. Así ocurrió con todas las plantas que no estaban contenidas, ¡ay!, en los herbolarios siempre frondosos y floridos de las bibliotecas de Venecia, del Vaticano o de París.

El arma de intendencia: comer más para derrotar mejor

La bienaventuranza de los primeros contactos intercontinentales duró el escaso tiempo que los viajeros emplearon en decidirse a desembarcar y penetrar aquellas tierras ignotas. Causa gozo asistir al surtido de las carabelas que describe Colón, cuando los estupefactos cristianos vieron llegar «más de ciento y veinte canoas, todas cargadas de gente, y todas traían algo, especialmente de su pan y pescado y agua en cantarillos de barro, y simientes» [7].

Las crónicas de México y de Perú redactadas por los incondicionales de Hernán Cortés y de Pizarro, Díaz del Castillo y Cieza de León, respectivamente, dan la misma clave acerca de la estrategia de ambos capitanes: dividir al enemigo, aunar las fuerzas propias, aprovisionar la milicia y destruir sin piedad al adversario. La movilidad es la regla castrense fundamental, y la astucia, el método diplomático por excelencia.

Cuando llega a las caserías de Tenzic en la víspera de la Resurrección de 1525, Hernán Cortés cuenta diez días desde que comenzó a dar de comer a los suyos cuescos de palmas y *palmitos*. La correría por la sierra iba de mal en peor, «pero díjome un principal que a una jornada de allí... había mucha población de una provincia que se llama Tahuytal, y que allí había mucha abundancia de bastimentos de maíz y cacao y gallinas» [8]. Envió allá a un capitán con treinta peones y más de mil indios de los que con él iban, «y quiso Nuestro Señor que hallaran mucha abundancia de maíz y hallaron la tierra despoblada de gente, y de allí nos remediamos, aunque con ser tan lejos nos proveíamos con trabajo». Cortés no pierde el tiempo en improductivas negociaciones y ordena el pillaje; mientras se ejecuta a modo, algunos de sus más fieles soldados componen una tupida red de información para evitar traiciones en el propio campo y para ganar el favor de los numerosos enemigos del gran Moctezuma, cuya edad y talla intentan saber cuanto antes.

México a la vista: la guerra del escribano

La ordenada gestión del capitán Cortés, escribano de mente y de primera profesión, logra salvar otras rudas situaciones, en permanente acecho para repetir la correría y el abastecimiento. El supone, con acierto, que ganará si logra sobreponerse a la más porfiada estratagema del enemigo: negarle el alimento, aunque fuera destruyendo la despensa antes de que el invasor se presente. Sirva como patrón la siguiente consulta a uno de sus caciques aliados locales: le preguntó Hernán Cortés al visitar el poblado «cómo tenían tanto gallo y gallina a cocer» [9] respondió el amedrentado jefecillo que «por horas aguardaban a sus enemigos que les habían de venir a dar guerra, y que si los vencían que les habían de tomar sus haciendas y gallos... y que si ellos los desbarataban a los enemigos, que hirían a sus pueblos y les tomarían sus haciendas». Nadie en aquel agitado suelo respetaba por entonces otra convención que no fuera la del engaño y otra razón que la furia desatada.

En aquella duras jornadas, certifica el puntilloso Díaz del Castillo, Cortés enviaba siempre por delante de su ejército «corredores de campo a caballo y sueltos peones», encargados de la localización de trojes y abastos. La caza solía resultar fructuosa cuando prevalecía el factor sorpresa, como en cierta ocasión en que «alcanzaron dos indios... cargados de un gran león y de muchas iguanas, que son hechura de sierpes chicas, ...muy buenas de comer». Los indios, cazadores cazados, les guían al poblado; los locales se esconden... y los soldados se «quedaron entre los maizales y tuvieron bien de cenar, y se abastecieron para otros días».

En mundo tan revuelto y con tan pocas perspectivas de ser pacificado a corto plazo, la tarea de obtener sustento es primordial para un ejército con moral de victoria, después de haber quemado las naves a pesar de su patente inferioridad numérica. En ello anda Cortés, mejor administrador que soldado, incluso cuando, algo fortalecido, vuelve a arrastrar a sus huestes por la costa sospechando que otros españoles pretenden robarle el imperio que todavía él no ha logrado conquistar. Vigila el de Medellín la boca del río que se llama Yasa: «Vídeme aquí en harto aprieto y necesidad; que si no fuera por unos pocos de puercos que me habían quedado del camino, que comíamos con harta regla y sin pan ni sal, todos nos quedáramos aislados; pregunté con la lengua (intérprete) a aquellos indios que habían tomado en la canoa si sabían ellos por allí alguna parte donde pudiésemos ir a tomar bastimentos, prometiéndoles que si me encaminasen donde los hobiere que los pondría en libertad» [10]. No hubo información privilegiada ni tampoco perdón.

Sirvan de referencia nominal los siguientes catálogos de alimentos aptos para el pillaje y el depósito que refieren al unísono Cortés y su incondicional cronista el medinense Bernal Díaz del Castillo. «Maíz seco, y cacao y fríxoles, ají y sal, y muchas gallinas y faisanes en jaulas, y perdices, y perros de los que crían para comer, que son asaz buenos.» Dieron con el mismo botín una y cien veces. La habilidad del escribano consiste en calcular con exactitud las posibilidades de conserva y transporte y la cantidad a entregar a sus aliados para asegurar su fidelidad y la continuación de la misma. «Hallamos cuatro casas llenas de maíz y muchos fríjoles, y sobre treinta gallinas y melones de la tierra, que se dicen *ayotes*, y esa noche llegaron sobre mill mejicanos que mandó Cortés que fuesen con nosotros para que tuviesen de comer, y todos muy contentos cargamos a los mexicanos todo el maíz que pudieron llevar» [11]. Así queda establecido el exhaustivo inventario de la despensa de la conquista por tierras del norte americano. En más valoraba Cortés una carga de maíz que la alianza de un millar de picas indias.

A las fatigas de la sangrienta guerra y a los partes de bajas («no éramos bastantes para poblar, cuanto más que faltaban ya trece soldados que se habían muerto de las heridas», se suman en las crónicas los terrores del hambre. Poco antes de enfrentarse a diez mil indios de refresco, los de Cortés se preparan comiendo unos cardos que «les dañaban las bocas». Los españoles justifican con frecuencia en sus relaciones la crueldad de sus estratagemas describiendo el estado de extrema necesidad en que vivían y alegando su sagrado deber de supervivencia.

Los jefes indios fundan su estrategia precisamente en consumir al enemigo invasor por inanición, vista la escasa eficacia de las flechas. Hernán Cortés compone en sus *Cartas de la conquista de México* un reiterativo alegato que arranca de «les rogábamos que nos trajesen de comer... y ellos respondían que otro día» y llega a «nos topamos con muchos indios y comenzaron a flechearnos». El cañón llamado hambrina nunca llegó a disparar con toda su potencia contra la infantería conquistadora. En cambio, sus efectos entre la población no bautizada fueron desoladores, como venía siendo habitual desde que la potencia centralista de Tenochtitlán lograra imponerse sobre sus vecinos.

Cuando el granero imperial se agota

Una gran carestía arrasó el valle de México en el año 1453, a causa de la pérdida de las sementeras, según recoge en su *Historia de la nación chichimeca* el hábil cronista indomestizo Fernando de Alva Ixtlilxochitl. El año siguiente «hubo un eclipse muy grande de sol, luego se aumentó más la enfermedad, y moría tanta gente que parecía que no había de quedar persona alguna, según era la calamidad que sobre esta tierra había venido y la hambre tan excesiva que muchos vendieron a sus hijos a trueque de maíz» [12].

En el *Códice Vaticano 3773* se contiene la precisa información sobre la gran batalla de Tenochtitlán contra Tláxcala: ocurrió el 1 acatl (año 1467) y con ella se instauró la llamada *Guerra Florida*. Ixtlilxochitl añade que aquella guerra, durante la cual nunca fue conquistado el señorío de Tláxcala, comenzó para aplacar a los dioses tras el hambre que sufrió el valle de México. Parece que Moctezuma se lanzó por el camino de la guerra cuando, en vista de la emigración en muchedumbre de la ciudad hacia el campo por falta de alimentos, hubo de abrir sus almacenes al pueblo, que consumió la mayor parte de las reserva en pocas semanas.

El almacenamiento de víveres programado en México (Tenochtitlán y Tlatelolco) permitió a sus 300.000 habitantes resistir el sitio del ejército de Hernán Cortés durante setenta y cinco días. El conquistador aprende pronto la lección y dedicará sus mayores esfuerzos a dejar sin abastecimiento al enemigo asegurándose él mismo su propio suministro. A la guerra para remediar el hambre sucede el hambre que producen las guerras.

No anda escaso de talento fray Toribio de Benavente cuando explica, en sinceras palabras de testigo y brillantes referencias a la literatura latina, las calamidades de los no bautizados. México era por entonces la Jerusalén del

mundo recién conquistado: ciudad sagrada y paradigma
de la explotación que se preparaba. El de Benavente compone en tono bíblico las siete plagas que, a la sazón, aso-
lan aquella tierra, cuando miles de esclavos trabajan ya en
la construcción de nuevos templos y palacios, de calles y
calzadas. Y la tercera de esas plagas «fue una gran hambre
luego como fue tomada la ciudad de México, que como
no pudieron sembrar con las grandes guerras, unos defendiendo a la tierra ayudando a los mexicanos, otros
siendo en favor de los españoles, y lo que sembraban los
unos los otros lo talaban y destruían, y no tuvieron qué
comer» [13]. Así se inicia uno de los más dolorosos sucesos
de los que se inscriben en los anales de la humanidad: la
aniquilación de aquellos pueblos recién descubiertos, la
perdición de la historia y la muerte de los mitos.

*Muerte del indio chichimeco: mudanza de su
mantenimiento*

Cuando la tierra se ensombrece y los dioses obligan a
presenciar el drama de un descomunal cataclismo humano, causan agravio eterno a las víctimas los alegatos
impúdicos que exhiben la defensa de un salvajismo conquistador. No se trata tampoco de reeditar la «leyenda
negra» ni otras de cualesquiera color, que los piratas de
los reyes de Francia y de Inglaterra no necesitan a estas
alturas ni apoyo ni justificación semejantes.

Mas nadie puede negar la evidencia: la población indígena resultó diezmada, aunque en muy distinta proporción en cada una de las tres áreas de la primera ocupación
(Caribe, México y Región Andina). Los demógrafos no
acaban de determinar con la precisión mil veces prego-
nada las cifras de esa despoblación que se debió en gran
parte, como es bien conocido, al contagio de enfermeda-

des víricas. Todos los testimonios de la época ignoran tal antecedente, porque los tratados de medicina («la sangría, remedio de todo mal») desconocen incluso la existencia de los virus y de las bacterias. Las guerras, la cautividad y los trabajos forzados fueron los complementos mortales de las viruelas. Cuando algunas de esas vejaciones se remediaron, anuncia con aflicción fray Bernardino de Sahagún que a punto estaba de cumplirse en México la fatal profecía: «que no ha de quedar hombre alguno sesenta años después que fueren conquistados» [14]. Faltaban cuatro para que sonaran las trompetas de ese apocalipsis azteca, y ya la despoblación era general tras las grandes pestilencias sufridas en 1545 y 1574.

Causa respeto y fascinación el convencimiento suscrito por el notable médico Juan de Cárdenas de que las causas de la muerte del indio chichimeco «que viene a nuestro poder» son las siguientes: «la primera, por la mudanza del mantenimiento, por cuanto le quitan y le privan de aquel natural sustento con que fue siempre criado, el cual, aunque de suyo es malíssimo, para ellos es sano y muy bueno, pues les es natural y no violento y trasordinario, como les es el nuestro» [15]. Añade Cárdenas otras justificaciones de la espantosa mortandad indígena, tales como la falta de ejercicio, las pésimas condiciones de «las casas de poblazón y la tristeza, coraje y melancolía que les carga de verse entre gente que por tan estremo aborrecen les mata y entierra...». El caos puede tomar múltiples formas, y la peor, según los vencidos, es la que consistió en privarles de cuanto temían y respetaban antes.

Perú: Pizarro reparte roscas, oro y corderos

Dejamos a don Francisco Pizarro en noviembre del año 1524 y en el archipiélago de las Perlas, buscando caminos de acceso para invadir un imperio del que ni siquiera conocía el nombre y dando lecciones de altruismo a sus soldados, cuyo número, restringido por el hambre («faltaron veintisiete que habían muerto por el hambre pasada») se acercaba cada día más al de trece y a la famosa raya trazada con la espada. Volvió Montenegro con abastecimiento, que ya los cocos escaseaban y el monte cercano y sus vituallas eran inaccesibles desde la playa. El navío del ayudante trajo a los cristianos mucho maíz, carne y plátanos, el último surtido antes del asalto final. Los sanos y también los enfermos se levantaron para recibir los avíos, tenidos en más que a todo el oro del mundo. Pizarro, velando siempre por la moral de la tropa, recibe de un soldado tres roscas de pan y cuatro naranjas: el capitán «repartió las roscas y las naranjas para todos, sin comer de ellas él más que cualquiera de ellos, y tanto esfuerzo tomaron como si hubieran comido cada uno un capón» [16]. He ahí un método frugal para dar por concluido un período de obligatorio ayuno.

En la isla de la Gorgona volverá de nuevo a arañar la gazuza aquellos estómagos hechos para el deterioro, en lugar tan insalubre que la abundancia de mosquitos «bastaría para dar guerra a toda la gente del Turco». No hay aquí paganos ni razón para ello, proclama el cronista Cieza. La regla elemental de la supervivencia (pegarse al terreno, aprovechar todos sus recursos) se aplica en tal circunstancia con todo rigor. Pizarro se pone a pescar, sale al bosque de caza con su ballesta, «y tal fue su diligencia que con la ballesta y la canoa bastó para buscar de comer para todos sus compañeros liebres, pescado, culebras mostruosas de grandes mas no hacían daño, monas grandísimas y gaticos pintados...». Sería difícil dar en un supermercado de nuestros días con etiquetas tan variopintas.

La suerte está echada: la conquista seguirá por tierra;

los naturales percibirán pronto la estrategia de estos hombres «blancos barbudos que traían los caballos que corrían como el viento». A costa del «desamor» de los indios, los invasores se adueñaban, también aquí por elemental norma de pillaje, del oro y de los alimentos. «Los españoles, contentos por el mucho maíz que hallaron, comían descansando; porque habiendo necesidad, como los hombres tengan maíz, no la sienten... y tienen pan y vino y vinagre; de manera, con esto y con yerbas, que siempre las hay, no faltando sal, los que andan en descubrimientos llamábanse de buena dicha» [17]. Cabe interrogarse si, de faltarles el maíz, los conquistadores españoles hubieran avanzado un solo palmo a través de los Andes. Seguramente la excurción alpina fue posible sólo gracias a la alforja llena de ese grano sagrado.

Cuando «el austro ventaba tan recio que ni sentían narices ni orejas», los expedicionarios se vieron obligados a hacer inventario de su propia carga. El licenciado Calderón mandó pregonar que quienes quisieran oro «antes de pasar aquellos alpes» podrían tomarlo a discreción, con sólo pagar el quinto real. La oferta áurea del lugarteniente de Pizarro provocó las risas de la soldadesca, más agarrada a la tierra que al vil metal, a pesar de las leyendas adversas. «Mofaban de él y sus pregones, y tal español hubo que llevándole un negro suyo una carga de aquellas joyas de oro, con mucha alegría le dio con ello diciéndole: —¿En tal tiempo me traes oro que comer? Qué comer me dar, que no quiero oro» [18]. En tan aciaga circunstancia, el buen sentido del avaro conquistador subalterno se muestra en la sabia decisión de transportar a las alturas de los Andes piedras para moler el pan y dejar en el valle el botín dorado para ocasión más propicia.

A pesar de la escasa impedimenta, el paso de las nieves resulta agobiante y demoledor: lloran los indios, «se arri-

man a las rocas y, boqueando, se les salía el alma»[19]. Antes
de llegar al valle de Copayapo, quedaron helados entre las
nieves andinas muchos indios e indias y algunos españoles
y negros muertos, y su último sustento fueron «unos li-
mos que se crían entre lagunas» y que calentaban con la
lumbre del estiércol de las ovejas. Aquello fue, a entender
del virtuoso cronista Pedro Cieza, tan «espantable y teme-
roso que les parecía estar a todos en los infiernos»[20]. Ponen fin a tan acongojante pesadilla los moradores de otro
valle, a los que Almagro saluda «amorosamente» cuando
«salieron muchos de ellos con ovejas, corderos, maíz» y
un copioso surtido de raíces.

Furor de los hambrientos contra la cabaña inca

Refiere Poma de Ayala las exquisitas viandas, o más
exactamente vegetales, que el gran inca se hacía servir
mientras el menesteroso escuadrón de Pizarro llenaba la
andorga con sierpes, hormigas y algún que otro galgo es-
mirriado y reventado por la caminata. Comía el Inca el
maíz llamado *caoya utcosara*, sumamente blanco y suave;
el *Cuyro* degustaba la carne de una suculenta *llama* de color blanco; y el *Mauay Chaucha* se deleitaba con el sabor
de la patata tierna temprana. La venganza más sabrosa del
indigente parece ser la de rechazar el auxilio de quien
pronto será su esclavo: no salió *Atabalipa* (Atahualpa) a
recibir a Pizarro, y lo esperó en Cajamarca, aunque su
educación señorial le obligó a enviar al porquero de Mé-
rida «un presente donoso, porque fue, algunos cestillos
de fruta y diez o doce patos mal asados en su pluma, y
tres o cuatro cuartos de oveja tan asada, que no tenía virtud»[21]. Advierte pronto el cronista la disciplina con que
el gran ejército inca se sirve de los depósitos de alimentos,
en el valle de Cajamarca, sin destruir los campos. Es ese

un orden social de muy difícil comprensión para los recién llegados.

El consciente narrador pizarrista Cieza de León no oculta su pesar al evaluar el desgaste que pocos años más tarde habían sufrido aquellos pueblos, «por haber estado en estas tierras tantos españoles juntos»; antes había aquí «gran cantidad de ovejas de las de aquellas tierras, y mayor número de *guanacos* y de *vicunias*; mas con la priesa que se han dado en las matar los españoles, han quedado tan pocas que casi no hay ninguna» [22]. Un plato de sesos justificaba el sacrificio de cinco ovejas, y otras tantas caían para satisfacer el capricho de media docena de pasteles de tuétanos... Tras la privación y el miedo, el despilfarro y la arrogancia caminan casi siempre cogidos de la mano.

En vista de la catástrofe consumada, Cieza se apresura a exculpar a su admirado Pizarro colgando el sambenito al capitán Sebastián de Belalcázar, quien abrasó, según dice, la tierra, las casas y los *tambos*. El padre Las Casas recoge el memorial de agravios y aumenta las dosis de ovejas (llamas) muertas: «para sólo los sesos de las ovejas y para el sebo, consentía matar doscientas y trescientas, y echaban la carne a mal... En este desorden se perdieron más de cien mil cabezas de ganado, a cuya causa la tierra vino en muy grande necesidad, y los naturales se murieron en muy gran cantidad de hambre» [23]. Por culpa de aquella «mala orden» se vaciaron los graneros y las despensas del Quito, y una fanega de maíz valía más que un caballo.

Los efectos negativos que sobre la demografía de la región tuvo tanto derroche fueron considerables, aunque muy inferiores a lo ocurrido en México, y nunca evaluados con precisión en ninguno de los dos casos. La falta de datos fiables en este terreno se debe a lo tardío de las fuentes y también a la aceptación de tesis absurdas y nunca confirmadas. Sirva de ejemplo la que sostiene que

la selva peruana y ecuatoriana ha sido siempre un territorio de escasa población. Pues bien, uno de los poblados
yurimaguas visitados por Orellana en su mítico descenso
del río Amazonas tenía más de una legua y media de longitud, es decir, unos ocho kilómetros. Aquella población
enorme, asentada junto al río y por él nutrida, pudo dar
de comer a los expedicionarios españoles y suministrarles
como despedida 500 fanegas de harina de yuca. Tal concentración humana a orillas del gran río americano fue
posible gracias a un cierto desarrollo agrícola y a la utili-
zación comercial de la red fluvial, y está siendo confir-
mada en la actualidad por sorprendentes hallazgos arqueo-
lógicos.

De lo mucho y (a veces) inútil escrito sobre gustos

Con grande mimo debieron traer a la corte del emperador Carlos una piña de regular tamaño y buena presencia para que él probara la exótica fruta de sus reinos
ultramarinos. Aquel soberano ensayo resultó decepcio-
nante: «el olor alabó; el sabor no quiso ver qué tal era» [24].
Y sin embargo, la primera regla igualitaria que se impone
en América es la del alimento: ningún señor gobernador
se negaría a estar con sus soldados en el bien y en el mal
y a compartir la olla y la fortuna, sobre todo cuando el
hambre grita, pues en caso contrario, como afirma el
aventurero Benzoni le dirían: «id vos solo a combatir» [25].
Lope de Aguirre consigue la primera lealtad de los jura-
mentados contra el capitán Fernando de Guzmán, en la
jornada de El Dorado, por una razón en apariencia ba-
ladí: el jefe come en mesa aparte, por supuesto copiosa, y
es un glotón, especialmente de fruta, buñuelos, pasteles y
dulces «y en buscar estas cosas se desvelaba; y cualquiera
que le quisiese tener por amigo con cualquiera destas co-

sas fácilmente le podía alcanzar y traerle a su voluntad» [26].

Con sólo veinticinco años don Fernando de Guzmán ejerció de general y después de príncipe durante cinco meses de su tiranía amazónica, hasta que el levantisco Aguirre lo matara y así «no tuvo tiempo de hartarse de buñuelos y de otras cosas en que ponía su felicidad.» Eran aquellos los signos de los tiempos: juventud y hartura, privaciones para hoy y gloria para mañana; aunque el soldado hubiera de regalar su ración de perro asado porque la carne estaba plagada de gusanos.

El primer espectáculo de la mesa del indio debió resultar desolador para los visitantes, quienes ante tanta frugalidad hubieron de perder momentáneamente su gallardo perfil de dioses: frutas de aspecto repulsivo, granos de cereal desconocido, raíces quizás venenosas y algunas carnes de bichos francamente repugnantes: ratones, culebras, monos y perrichacos. En las regiones marinas, infinito pescado, erizos de mar, langostas y camarones que «con muchas raíces y hierbas, comen sentados en el suelo» [27]. La falta de carne se achaca de inmediato a la mala disposición del indígena para la caza, ya que «habiendo allí muchas generaciones de animales silvestres, leones y osos e innumerables serpientes y horribles y deformes bestias... no se atreven a exponerse desnudos, y sin defensa alguna ni armas a tantos peligros».

El método para confeccionar el primer catálogo gastronómico de ultramar es elemental: cada cristiano se convierte en paladar y estómago sometidos a prueba. Las reglas son dos: la de la comparación (sabroso-repelente) y la sanitaria (sano-dañino).

Comparación.—La *iguana*, que parece serpiente, «quitado el cuero y asadas o guisadas son tan buenas de comer como conejos, y para mí más gustosas las hembras..., quien no las conoce huiría de ellas y antes le pondría te-

mor y espanto su vista que no deseo de comerla. No sé
determinar si es carne o pescado»[28]

La fruta de las *guayabas*, «al principio me olían como
chinches y no las podía comer, pero después que llegué a
Lima las comí muy bien, por haber unas que llaman de
mato que son muy lindas»[29].

La fruta del *palto* tiene la figura «de peras grandes,
tiene dentro un hueso grandecillo; lo demás es carne
blanda y cuando están bien maduras es como manteca, y
el gusto delicado y mantecoso»[30].

«Descansaron del trabajo y hambre comiendo buenos
corderos de los que hallaron (*llamas*) que son singulares y
de más sabor que los aventajados en España»[31].

En Nueva España hay unos dátiles que «yo creo que si
curasen y adobasen serían buenos; los indios, como son
pobres, los comen así verdes, sin curarse mucho de los
curar. Hállanlas buenas porque las comen con *salsa de
hambre*»[32].

Sanidad.—Algún cortesano sabidillo pudo haber ad-
vertido al emperador Carlos de que las piñas «engendran
cólera y dicen que no es comida muy sana»[33]. Aunque no
se ha visto experiencia que las acredite mal, añade el padre Acosta.

La experiencia peruana resultó más arriesgada en este
punto que la de las tierras mejicanas. En Quito un tal
Juan Agraz (!) comió una manzanas que parecían de España; «le oí jurar que en el olor, color y sabor no pueden
ser mejores, salvo que tienen una leche que debe ser la
malentía tan mala que se convierte en ponzoña; después
de que las hubiera comido, pensó reventar»[34]. Pareja desgracia le tocó al licenciado Caldera y a los suyos cuando
comieron una uvillas que llaman *mortunos*: «se torcían
furiosamente, se caían en el suelo sin sentido, haciendo
tales vascas y tremor que parecían estar difuntos».

Ni la carne ni el pescado son excepciones en esta desgraciada experiencia de los envenenamientos o de los malsabores. La carne del oso hormiguero «es sucia y de mal sabor; pero como las desventuras de los cristianos ... son extremadas, no se ha dejado de probar a comer; pero hase aborrecido tan presto como se probó por algunos»[35]. El pescado que llaman bonito es de mala naturaleza «porque causa a quien lo come calenturas y otros males... y unas berrugas bermejas del grandor de nueces, y nascen en la frente y en las narices y en otras partes». Nadie llevó el registro de los venenos, mas nunca tropieza el paladar dos veces en la misma calamidad.

En México, ¡oh paradoja!, se moría de hambre o de hartura, según las estaciones. Anda cierto día el cronista-soldado Bernal Díaz en las tareas complementarias de buscar maíz y descubrir tierra (una redundancia metodológica) cuando «llegó el Sandoval donde estábamos y vio que había abastadamente de comer, se holgó mucho... y como estaban hambrientos y no eran acostumbrados sino a comer zapotes asados y cazabí, y como se hartaron de tortillas con el maíz que les enviamos, se les hincharon las barrigas, y como estaban dolientes, se murieron siete dellos»[36]. Sí consta que tal exceso necesario sirvió para evitar otros torzones de consideración.

3. A la espera del bastimento de Sevilla.
Los almacenes del Imperio

Las confusas noticias que sobre la procedencia y la condición de los recién llegados tejieron los indios durante los primeros años de la invención continental pusieron en apuro no pequeño a quienes, para honor de dioses o a costa del hambre de cristianos escuálidos, fueron tentados de antropofagia. La comida, la guerra y el amor fueron los más desdichados fundamentos de discrepancia entre los ciudadanos de uno y de otro lado del Atlántico.

Un indio viejo les fue «servido» («dexado», precisa el narrador Jiménez de Quesada) para satisfacer su apetito, y para calmar sus iracundos ánimos. El equívoco de la circunstancia, sin duda anecdótica, llega a su punto álgido cuando los naturales «vieron que los cristianos sin parar en el indio habían pasado delante; debían pensar que por ser viejo y ruin carne aquella, no la querían; y hacían venir y bajar niños de sus propios hijos, para que los comiesen»[1]. No consta el desenlace del estímulo, ni si hubo o no ensayo.

Mas las incomprensiones eran mutuas. Ni a la hora de comer podía haber acuerdo cuando se encontraban un gobernador y un cacique. Para sacarlos de la idolatría, y de paso recibir alguna onza de oro, el gobernador de Tierra Firme invitó a su mesa, en la recién fundada ciudad de San Francisco, a los ilustres caciques de Suere y Chupas. Se sientan los invitados entre el cura y el intérprete, refiere el adicto Girolamo Benzoni, y «los caciques indios comieron muy poco, porque no habiendo más que gallinas y cerdo salado, no les gustaba en absoluto aquella comida; de los que les ponían delante, la mayor parte la echaban a sus siervos, que estaban junto a la mesa sentados en el suelo, e incluso éstos riéndose de tal comida, se la arrojaban a los perros» [2]. El gozoso convite, compartido por riguroso orden de escalafón, entró en una fase más desabrida cuando el gobernador les soltó la consiguiente perorata, servida en interpretación simultánea, sobre idolatría, guerra, Carlos V emperador, bautismo, oro y plata. Los convidados sabían que no lejos del lugar, en las islas de Cerobaró, la justicia divina había descargado el rayo que destrozó el palo de un bergantín y mató a un negro y a dos españoles. Los mensajes del cielo frecuentemente se contradicen.

Ya pronunciaban sin dificultad los españoles palabras como *yuca*, *cazabi*, maíz y *ají*; pero seguían presos del sueño de la eterna felicidad gastronómica del emigrante, que consiste en recibir de la lejana patria una porción de cocina materna. Las bodegas de los primeros barcos transatlánticos arrastraban sus panzas repletas de condumio desde Sevilla, Sanlúcar o los puertos canarios hasta los de asentamiento ultramarino. Había que asegurar el suministro del rancho en aquellas largas travesías cuya meta era a veces ignota; pero la razón de tal sobrecarga se amplió cuando se abrieron en el Nuevo Mundo las primeras ferias de productos alimenticios importados.

Se queja el Almirante de la Mar Océana, en su segundo desplazamiento ultramarino, de que la desidia de los estibadores sevillanos ha sido la causa de «averse derramado mucho vino en este camino del que la flota traía..., y esa es la mayor mengua que agora tenemos aquí; e como quier que tengamos para más tiempo así vizcocho como trigo, con todo, es necesario que también se envíe alguna quantidad razonable, porque el camino es luengo e cada día no se puede proveer, e así algunas carnes, digo cecina y otro tocino»[3].

Para la manutención de los noventa y un españoles y de los sesenta y tres extranjeros que inician con Magallanes la primera vuelta al mundo el maestre portugués embarcó víveres suficientes para dos años, junto con los abalorios y baratijas que habrían de servir de moneda de trueque; entre los artículos de aquel bazar flotante se contaban 900 espejos pequeños y 19 grandes, 400 docenas de cuchillos de Alemania, pañuelos de colores, peines. La despensa, empero, ocupaba la mayor parte de las bodegas.

Siguiendo las normas al uso, la galleta ocupa el primer lugar del almacén: 21.380 arrobas. Los 253 toneles y 417 pellejos de vino subieron a bordo después de que 5.700 libras de tocino fueran colocadas lejos de la sentina. La base alimenticia de hidratos de carbono se confiaba a la harina, a las judías y a los garbanzos. La Armada comió también 987 quesos, que pesaron 112 arrobas, condimentó la dieta con ajos, vinagre y mostaza y confió a siete vacas vivas el suministro de leche fresca durante las primeras semanas de la odisea circum-planetaria. Algunos enfermos mermaron su mal, o al menos así lo creyeron, ingiriendo a modo de medicina algunas dosis de las diecinueve libras de azúcar que fueron guardadas con sumo cuidado en la nave *Victoria*. Sirva como ejemplo de mantenimiento en alta mar durante un período dila-

tado de tiempo la lista de víveres cargados en la citada
nao:

Bizcochos	493 quintales	Almendras	2 fanegas
Harina	1 pipa	Ajos	50 ristras
Vino:	82 pipas	Anchoas	30 barriles
Aceite	100 arrobas	Ciruelas	20 libras
Tocino	41 arrobas	Higos	3 quintales
Q- Queso	19 arrobas	Carne membrillo.	4 cajas
Pasas	15 arrobas	Mostaza	30 libras
Miel	10 arrobas	Azúcar	19 libras
Garbanzos	18 fanegas	Vacas	1
Habas	8 fanegas		

El esfuerzo aplicado en descifrar el sistema de pesas y
medidas quedará recompensado con el placer de enterarse
de la eficaz composición y del celo empleado a la hora de
confeccionar el menú para tan legendaria tripulación. El
menú de las flotas atlánticas españolas alarma a los modernos bromatólogos, no sólo por la consabida e inevitable falta de vitaminas, sino también por su desequilibrio
manifiesto: para asegurar las 3.800 calorías (áspera tarea
es la del marinero de carabela), según cálculos de Frank
Spooner, se suministra al personal seis veces más glúcidos
que proteínas.

Algunas formas de abundancia no homologadas

El inventario de los bastimentos navales tiene su reflejo
lujoso en las primeras cartas gastronómicas americanas,
confeccionadas, aunque por desgracia no impresas, con
ocasión de los notables banquetes que se brindaban mu-
tuamente los nobles de vieja alcurnia y los advenedizos.
Hay un desproporcionado lance de mesa y mantel que

narra con gran detalle el castellano viejo Bernal Díaz del
Castillo; el suceso ayuda a apreciar las ansias de olvidar
los malos tiempos pasados, cuando el apetito era muy superior a las posibilidades del sustento y los estómagos se
adecuaban, como se advertirá de inmediato, a las bollas
de maíz, a las torticas de patata y la *yuca*, los *palmitos* y el
chuño.

Corría el año 1538, de gloriosa memoria porque, con
certeza de crónica, trajo abundancia de paz para los dos
mundos. En el europeo, el cristianísimo emperador Carlos I se echaba en los brazos de su primo y enemigo declarado el rey Francisco I, quien salió a darle recibimiento
con zalamería extremada en el puerto francés de Aguas
Muertas. Hubo por ello «fiestas y regocijos». En el americano, el envite corrió a cargo del virrey don Antonio de
Mendoza, quien se aplicaba muy frecuentemente a su afición preferida: humillar al marqués del Valle Hernán
Cortés.

Mendoza había asentado su real casa en el renombrado
barrio mexicano de Chapultepec, en cuyos jardines recibió y obsequió con una cena de acontecimiento al marqués conquistador. La carta del banquete hubiera precisado una edición de gran lujo, porque contenía treinta y
dos platos y nueve bebidas. Al exotismo de cinco formas
de ensalada siguen los manjares fuertes, sobre todo carne:
«cabritos, perniles de tocino asados a la ginovisca; tras
esto pasteles de codornices y palomas, y luego gallos de
papada (¡gracias, América!) y gallinas rellenas...». Pepito-
ria, torta real, pollos, perdices de la tierra, codornices en
escabeche; carnero y vaca y ternera y puerco en asado, o
empanada..., aceitunas y rábanos, queso, cardos y frutas
de la tierra. Los caldos, «blanco, jerez de indias y tinto» [4].
El cronista deja constancia fidedigna de su despecho por
el virrey señalando, (¡tres veces!) que mucha de aquella
materia comestible no fue engullida, a pesar de la catego-

ría del huésped, de los muchos gorrones y de las antiguas penurias.

Tanta prosperidad en tierras mexicanas sólo puede compararse con la que se describe en el *Códice Matritense*, referida al mítico reinado de Quetzalcóatl en Tula. «Todo era abundancia y dicha —narra el poema épico—, no se vendían por precio los víveres, todo cuanto es nuestro sustento. Es fama que eran tan grandes y gruesas las calabazas y tenían tan ancho su contorno que apenas podía ceñirlo los brazos de un hombre abiertos» [5]. La exhibición vegetariana indígena, que contrasta con la copiosa oferta de cuadra y corral «a la española», contiene entre otras maravillas mazorcas de maíz tan gruesas y largas como la mano del *metate*, matas de *bledos* a las cuales se podía trepar, cacao rico y fino... El despilfarro local alcanza su delirio cuando el poema en honor de Quetzalcóatl afirma que «las mazorcas mal dadas sólo servían para calentar el baño» y anuncia la llegada a Tula, sin previo aviso, de tres magos de mal agüero. Mas esa es otra historia...

Graneros, pósitos y conservas imperiales

Uno de los métodos más inusuales de los empleados en agricultura para que la tierra sea fecunda es aplicar a ese sector primario la *razón de Estado*. Pero ningún imperio se edifica o conquista sin apuntalar las finanzas públicas y más concretamente las que se relacionan con el suministro. Por eso, el inca precisaba obtener abundantes senaras de maíz con fines militares, presupuestarios y ceremoniales, y repartía entre sus súbditos la tierra justa (*tupu*) que aseguraba la subsistencia familiar; el resto, propiedad real o religiosa, garantizaba el relleno anual de los silos gubernamentales que describe Cobo así: «casas cuadradas y pe-

queñas, como aposentos ordinarios, a manera de torreci-
llas, desviadas unas de otras unos dos o tres pasos y puestas en hilera con mucho orden y proporción»[6.] La acu-
mulación de los productos, en apariencia anárquica,
(municiones, ropas, alimentos, indios desollados (!), coca)
sorprendió a Pedro Pizarro tanto como lo descomunal
del tamaño de aquellas albacerías.

Los calendarios incas y aztecas dan exacta ilustración
de las faenas agrícolas y de la conjunción del clima con el
común sistema comunal de regadíos. Si fallan los meteoros, el Inca ordena hacer uso de la omnipotente arma religiosa. Salen las procesiones rituales para espantar la sequía o combatir la helada, relata Huaman Poma de Ayala,
la cual «amenaza más al maíz que a los demás cultivos»;
se engaña con preces al granizo que mora en una cueva de
Cirocaya y con el permiso de la autoridad competente el
pueblo llano pide «al dios Runacamac agua, todo cubierto de luto, enbijadas las caras de nigro... llorando y
pidiendo agua a dios Pachacamac todos los indios grandes como mujeres y muchachos dando bozes»[7.]

A pesar de la notable utilidad de su almanaque, no
tuvo fortuna editorial Felipe Huamám, de noble cuna
inca, con su *Nueva Crónica* concluida hacia 1615 y remi-
tida de inmediato a la Sacra, Católica y Real Majestad,
Felipe III. El manuscrito y los famosos dibujos que
acompañan al texto dieron con sus veinticinco cuaderni-
llos en octava (¡misterio de Cortes europeas en tiempo
de piratas por mar y por tierra!) en la Biblioteca del rey
de Dinamarca. Tómese como patrón de la insigne obra
este apartado que describe las maravillas alimentarias del
mes de mayo.

«MAIO —HATVN CVSQVI, AIMORAI (mes de co-
secha —llevan al depósito las comidas)— ...dizen que ha-
llando una masorca que nasen dos juntas, o papas, y de
rrecoger la comida y lleuallo a casa o al depócito para

guardarse en las *cullunas* que son barriles hazen muy mucha fiesta y borrachera. Cantan:

Harauayo harauayo	<Harawayuu, harawayu,
Ylla sara camauay	Créame, maíz mágico
Mana tucocta surcoscayqui	Si no lo haces, te arrancaré
Ylla mama, a Coya!	Madre mágica, ¡Reina!>[8]

...En este mes abundancia de comida; se hinche todas las depócitos y las casas de los pobres... para que ayga qué comer todo el año, para que no ayga hambre en los pobres en todo el rreyno.»

El mapa de los depósitos incas fue uno de los primeros que trazaron los conquistadores. La red de los bazares que contienen comida, vestido y armas para el ejército sigue las rutas de primer orden, con una frecuencia entre instalaciones de quince a veinte kilómetros. Tal precisión de la intendencia en forma de rosario debió sorprender a los despistados caballeros, cuyos escribas por cuenta del capitán de turno o del emperador lejano anotaron puntualmente el dónde, cómo y cuánto de la política agroalimentaria local: «Junto al templo y las casas de los reyes ingas había gran número de aposentos en donde se alojaba la gente de guerra y mayores depósitos..., todo lo cual estaba siempre bastante proveído... Y al tiempo que no había guerra y el señor no caminaba por aquella parte, tenía cuidado de mandar abastecer los depósitos y renovarlos»[9]. Usa el *Ynga* con magnanimidad de ese presupuesto estatal destinado a los subsidios sociales y al mantenimiento de sus ejércitos. La generosidad del gran jefe se legitima en el apelativo que le dedica Garcilaso: «Les llaman *Huachacuyac*, que es amador y bienhechor de los pobres.» El príncipe Huaynac Capac, ancestro del cronista, perfeccionó ese método de asistencia con la habilidad de un político populista de corte moderno. Logró

que se le reconociera por mayor grandeza que «jamás
negó petición que mujer alguna le hiciese, de cualquier
edad, calidad y condición que fuese; y a cada una respon-
día conforme a la edad que tenía:... —Madre, hágase lo
que mandas... —Hermana, hacerse ha lo que quieres...
—Hija, cúmplase lo que pides. Y a todas igualmente les
ponía la mano derecha sobre el hombro izquierdo en señal de favor» [10]. El ceremonial, equidistante entre la liturgia y la galantería, refuerza el prestigio popular del hijo
del Sol y recluta adeptos.

Se citan por opulentos los *tambos* de Lunaguhanaá,
Huamachuco y Piki-llacta, cerca de Cuzco. En el valle de
Jauja dio con uno de estos pósitos Pedro de la Gasca
cuando perseguía con saña a Gonzalo Pizarro; había en el
almacén frutos de más de diez años, y Cobo declara que
«no bajaban de quinientas mil las hanegas de comida»,
equivalentes a 2.700 toneladas. El negocio entró en franca
decadencia a causa de la guerra generalizada, la destrucción brutal y el *sálvese quien pueda*: «en algunos depósitos quedaron más de cien mil fanegas de maíz, y otras casas, donde estaban más de quinientas cargas de ropa
fina... Y si los capitanes de Atabalipa no hubieran robado
lo que en este valle había... y como por nuestros pecados
nunca hayan faltado en este reino guerras, y los naturales
hayan sido tan castigados y maltratados, falta la más de la
gente de él».

No le iban a la zaga los graneros y los trojes mexicanos, «mantenimientos de maíz que se guardaban para
proveimiento de la ciudad y república, que cabían en a
cada uno dos mil fanegas de maíz, en las cuales había
maíz de veinte años sin dañarse» [11]. Achaca Ixtlilxochitl el
acierto en el método de la custodia y él éxito de la conserva a la orientación de los silos, «que caía al norte de las
casas referidas y cerca de las cocinas.» Allí estaban los
graneros y los *trojes* de admirable grandeza, en donde el

rey tenía gran cantidad de maíz y otras semillas que se guardaban para los años estériles, y en cada uno de ellos había cuatro o cinco mil fanegas. El rey Nezahualpiltzintli mantuvo en permanente estado de obras públicas a sus súbditos, para construir acequias, palacios, templos y hasta laberintos en México, Acatelco y Tepetzinco. Los tributos de las provincias conquistadas se guardaban en depósitos reales para satisfacer el enorme dispendio de la corte. «En palacio se gastaban cada año treinta y un mil seiscientas fanegas de maíz, doscientas cuarenta y tres cargas de cacao, ocho mil gallos, cinco mil fanegas de chile ancho y delgado y pepitas, y dos mil medidas de sal» [12]. Adviértase que el rey-ingeniero tuvo dos mil concubinas y ciento cuarenta y cuatro descendientes, «aunque con las que él trató y tuvo hijos en ellas, fueron cuarenta con la reina».

Aquel exorbitante número de raciones debía alcanzar para nutrir a 45.000 personas todo un año, y constituía la base del poder real y el recurso para la expansión territorial. Todo, todo quedó reflejado en esos originales libros de contabilidad, con precisión de cálculo de ordenador informático, que se llaman *Códice Mendoza* o *Códice Florentino* o *Códice Tláxcala*, escondidos tras ciento y una vicisitudes en una decena de bibliotecas europeas. Según cuentan esas tiras policromadas, sólo una mala racha de pertinaces sequías o de heladas inmisericordes podía agotar, como ocurrió entre 1440 y 1444, tal cantidad de abasto guardado sobre suelo de madera de *oyametl*.

Suministros adecuados para viajeras mochilas

Por la serranía de Perú circulan a buen paso un centenar de españoles en busca de un camino para llegar a el Quito. El devoto cronista de Pizarro don Pedro Cieza certifica que los expedicionarios pasaron «ríos furiosos y lagunas tembladeras» hasta dar con un pueblo, en la espesura de la selva, cuyos habitantes huyeron despavoridos a la vista de los barbudos y de sus caballos. Quienes osaron oponerse cayeron bajo la espada, aunque el botín cobrado fue pobre de solemnidad, tan exiguo que ni siquiera satisfizo los olfatos peninsulares: «no tenían pasas ni camuesas en que oler, sino alguna raíz de yuca y maíz, porque entiendan en España los trabajos tan grandes que pasamos en estas Indias los que andamos en descubrimientos y cómo se han de tener de buena ventura los que sin venir acá pueden pasar el curso de esta vida tan breve con alguna honestidad» [13]. Cuarenta y dos años vivió el autor de esta lírica elegía la existencia sosegada, el sevillano Cieza que afiló la pluma en su crónica tanto como la espada en sus hechos de armas a las órdenes del caudillo Belalcázar. El compartía con sus compañeros de jornada el sabio aforismo aprendido de los indios: todo lo que no mata, engorda.

La trilogía agroalimentaria maíz-yuca-patata (ésta última enriquecida con todas las variantes del tubérculo andino) se eleva a la categoría de sagrado sustento en los primeros años de la invasión de las tierras firmes. El maíz forma parte, además, de otro curioso trío vegetal que eligió el gran Moctezuma para dar satisfacción a una demanda, por demás malintencionada, de Hernán Cortés en Malinaltebeque. Había oro en la región, y aun promesa de mayores cosechas del codiciado metal; allí mismo el conquistador ruega al azteca que «hiciese hacer una estancia para Su Majestad (la donación se destina oficialmente al emperador Carlos). Puso en ello tanta diligencia que dende en dos meses que yo se lo dije estaban sembradas setenta fanegas de maíz y diez de fríjoles y dos mil pies de cacao, que es una fruta con almendras» [14]. Cortés se aseguró con ese recurso administrativo, sin perjuicio ni

esfuerzo y tomando con astucia y provecho el nombre
del emperador, una de las mejores cosechas gratuitas de la
colonia recién estrenada. Y humilló de paso al adversario,
abatido ya por las dudas sobrenaturales.

El régimen alimenticio de los aztecas y de los mayas se
basaba en el maíz y en los fríjoles; añádase para los habitantes del Yucatán el cacao, cuya variedad *xononusco*
llegó a ser viciosa bebida de españolas en cuanto las bocas
se acomodaron a los placeres de las nuevas tierras. Mayas
y aztecas consumían asimismo con fruición las carnes del
pavo y del perro, animales domésticos siempre a punto
para la matanza.

Los incas se nutrían dos veces al día, en cuclillas, a las
nueve de la mañana y a las cinco de la tarde, y su despensa era más diversificada, aunque la *papa* y la *quinoa*
eran los principales fundamentos de su almuerzo. La ceniza caliente del asado de patatas servía, sin solución de
continuidad, para mascar la coca según los rigurosos cánones del *Gran Ynga*. La *quinúa* o *quinoa* fue uno de los
pocos productos americanos que se declaró en franca re-
beldía a la hora de su adaptación europea y ha pagado
con el olvido su insolencia. Ese privilegio cereal de los
Andes se resistió además a su sustitución por el trigo o el
arroz, por lo cual los botánicos antiguos y modernos han
dado en clasificarlo como alimento exclusivo de indios.
Estos comían incluso las hojas tiernas, que los españoles
prefirieron echar en la cazuela como suplente del laurel.

Los tiernos brotes de la *quinúa* eran el alimento ideal
para los niños cuando eran destetados. Tres veces al día
daban de mamar las madres incas a sus hijos, y casi nunca
los cogían en su regazo para evitar que se volvieran caprichosos. Acercaban sus pechos a la criatura, inclinándose
sobre la cuna o poniéndose a cuatro patas en el suelo, y el
lactante se agarraba al sustento con fruición, según cuentan las crónicas. Durante el tiempo en que amamantaban,

las mujeres incas suspendían toda relación carnal, porque
la norma pediátrica señalaba que, de no guardar esa abstinencia sexual, la leche materna se malograba y el niño resultaba enclenque.

La panera social del maíz

Con la sabiduría armoniosa y libre de censura que corresponde a un eclesiástico, el padre Acosta parte el globo
en dos hemisferios cereales, resultado certero, según dice,
del buen gobierno del Creador: «a este orbe dio el trigo,
que es el principal sustento de los hombres; a aquel de las
Indias dio el maíz que tras el trigo tiene el segundo lugar
para sustento de hombres y animales» [15]. Las semejanzas
y las diferencias quedan bien establecidas: de ambos se ha
de sacar harina y pan, y del segundo, menos apetitoso,
comerán también los animales.

La gran ciudad de Temixtitlán, «tan grande como Sevilla y Córdoba» y fundada sobre una laguna, tiene un
mercado popular al que concurren cada día más de 60.000
personas. La oferta de vituallas, viandas, frutas y legumbres excita la ambición de Hernán Cortes, cautivado por
la exuberancia de la feria. Junto a las canastas de «cebo-
llas, puerros, ajos, mastuerzo, berros, borrajas, acederas,
cardos y *tagarninas*», están los sacos de sacrosanto maíz,
que se vende «en grano y en pan, lo cual hace mucha ventaja a todo lo de otras islas y Tierra Firme» [16]. La defensa
del consumidor está asegurada por inspectores que vigi-
lan la calidad de los géneros y la licitud de las medidas
usadas por los tenderos, «y se ha visto quebrar alguna
que estaba falsa».

Acerca de la calidad del pan de maíz en las distintas
regiones y localidades de los nuevos reinos hay mucha
disputa en las glosas de la época. Cieza de León se hace

lenguas del sabroso pan de maíz que se da en la provincia de los Guancabilcas, un predio de la actual Colombia, «tan sabroso y bien amasado que es mejor que alguno de trigo que se tiene por buen.».

Los graneros del hemisferio sur se ubican en las comarcas propicias para la siembra del maíz, en Cali, Popayán y
Cartago, que serán ocupadas en el transcurso de pocos
años por los trigales. La fertilidad de esas tierras mueve a
envidia a los recios ex-labradores mesetarios, habituados
al barbecho y al régimen agrícola de la doble hoja: «son
las tierras tan fértiles, que no hacen más de apalear la paja
y quemar los cañaverales, y hecho esto, una hanega de
maíz da ciento y más, y siembran el maíz dos veces en el
año» [17]. En cuatro o cinco meses crecen los maizales y
rinden su fruto.

Quede constancia, en fin, de que la primera nota dis-
cordante sobre el certísimo origen americano del maíz
corrió a cargo del plagiario Pedro Mártir. En su empeño
por redactar para su patrón italiano una especie de etimo-
logías del Nuevo Mundo, no le dolieron prendas cuando
tradujo mal alguna de sus fuentes y aventuró que «hay
gran abundancia de maíz en Lombardía y en Granada».
Madrugó el milanés para afirmar tal cosa un año después
de la llegada de Colón a América; negar que el maíz es
oriundo del aquel continente porque en Italia se cultivaba
el *granoturco* o en España el *trigomillo* es caer en la abe-
rración de confundir la variedad con el género. Completan el desorden los turcos cuando llaman a ese precedente
del verdadero maíz *trigo de Egipto*.

Para contrarrestar tal torpeza, Juan de Cárdenas com-
puso en 1570 la más reputada loa del maíz y de sus «cualidades, complexiones y sustancia». Es semilla que «debe
ser estimada en el mundo» por las siguientes causas:

— Se da «en tierra fría, caliente, seca, húmeda, en montes y en llanos, de invierno y de verano.

— Su abundancia, pues «de una fanega se cogen ciento y doscientas».

— «Por la facilidad y presteza con que se amassa y sazona».

— Porque «antes de nacido comienza a sustentar al hombre», estando en leche sus semillas ya sirven de sustento.

— Porque, como las enseñanzas divinas, no tiene desperdicio; son de provecho la caña (se hacen de ella imágenes), y la hoja (es pasto para los caballos).

— La variedad culinaria permite «ocho o diez géneros de *atole*» [18].

Hasta la fundación de la F.A.O., la Agencia de la ONU encargada de la alimentación (del hambre) en el mundo, nadie dejó mejor parado a ese grano que ahora alimenta mayormente a las bestias. Los países americanos de donde salió reciben hoy las semillas del maíz seleccionadas por los granjeros de Tejas para cerrar su ciclo genético: ¡qué frenesí agrícola!

Papas, turmas y chuños

Una especie vegetal que osa echar flores a 5.000 metros de altitud y a siete grados bajo cero de temperatura merece el reconocimiento botánico universal. Los dos cultivos básicos de América, el maíz y la patata, tienen como línea divisoria, en efecto, la que dibuja por enero la escarcha andina. Todos los hijos de mujer inca engullen papas dos veces al día como elemento común de subsistencia: frescas, en panes, secas o liofilizadas. Para marcar la diferencia, el *Ynga*, hijo del Sol, ordena que le sirvan las de los más raros géneros, como la blanca de alta montaña. Doscientas veinte variedades de papas recogió tres siglos más tarde el botánico francés LaBarre.

«Los indios no tienen otro pan», declara Cobo, quien como el resto de los preclaros cronistas adjudica a la humilde patata el sabor de la castaña. Para competir sin desdoro con el maíz, los patateros de las terrazas altas andinas, a quienes los mas redichos reporteros apellidan *labradores del sol*, dieron pronto con un sistema de conservación del tubérculo cuyos pormenores, al igual que los procesos de destilación del licor para frailes, pertenecen al inconmensurable reino de los secretos. Cobo escribió a mediados del siglo XVII el mejor tratado de fabricación del *chuño* que hasta nosotros ha llegado. Esa conserva de la patata se obtiene helando el tubérculo (momificación), el cual se exprime y luego se deja secar al sol. Y así, puede resistir la putrefacción «durante muchos años». El notable tino de la mano de obra inca en tales operaciones hubiera permitido a los comerciantes de nuestros días inventar la tabla de las añadas de *chuño* cuzqueño, por ejemplo; es el método tradicional del comercio para hacer valer las maravillas de la madre naturaleza.

En su dilatada retahíla toponímica referida a los productos en boga, Cieza de León se detiene en la comarca de Collas (Perú andino) donde «tienen los indios sus sementeras y siembran sus comidas. El principal mantenimiento dellos es papas, que son como *turmas* de tierra... y éstas las secan al sol y guardan de una cosecha para otra; y llaman a esta papa después de estar seca *chuño*, y entre ellos es estimada y tenida en gran precio»[19].

El Inca Garcilaso de la Vega nos descubre más que ningún otro cronista algunos secretos de esa *liofilización* andina, que se practicó durante siglos con el éxito a que obligaba la manutención de millones de personas, y aún hoy es uno de los sistemas de conservación más rentables de la agricultura de aquella región. Con el fin de obtener el mítico *chuñu*, en Francia y en Alemania hubo pacientes facultativos decimonónicos que echaron a perder un invierno tras otro toneladas de esos tubérculos, cuando su generalizada crianza mataba ya las hambres europeas. Probablemente no siguieron al pie de la letra el siguiente recitado del Inca Garcilaso: «la echan en el suelo sobre paja, que ai en aquellos campos, mui buena; déjanla muchas noches al yelo, que en todo el Año yela en aquella Provincia rigurosamente; y después que el yelo la tiene pasada, como si la cocieran, la cubren con paja, y la pisan con tiento, y blandura, para que se despiche la aquosidad, que de suyo tiene la Papa, y la que el yelo le ha causado; y después de haberla bien exprimido la ponen al sol, y la guardan del sereno, hasta que esté del todo enjuta. Desta manera se conserva la Papa mucho tiempo y trueca su nombre, y se llama *Chuñu*»[20]. Si era la calidad de la paja o la precisión del tiento para deshidratar lo que fallaba en los ensayos europeos es objeto de duda entre los analistas.

La *papa* tuvo también detractores que pusieron en tela de juicio sus cualidades alimenticias; hasta el *Gran Ynga* sospechaba algo, según Poma de Ayala: «Halló de fuerza a los yndios de Chinchay Suyos, aunque son yndios pequeños de cuerpo, animosos, porque le sustentan mays y ueue chica de mays que es de fuerza. Y de los Colla Suyos los yndios tienen poca fuersa y ánimo y gran cuerpo y gordo, seboso, para poco porque comen todo *chuño* y ueuen chicha de *chuño*»[21]. La patata no comparece en las crónicas de conquista hasta que sus autores no escalaron hasta 3.000 metros las cumbres andinas, en donde se cría. Fue también uno de los últimos productos agrícolas oriundos de América en ser aceptado por los europeos como alimento. Antes de pasar al guisado y a la sartén, la patata fue en Europa reputado afrodisíaco, estimada planta ornamental y despreciado potaje para presos.

Sólo un alimento que esconde sus enigmas bajo tierra puede provocar tales discordancias sin renegar del género humano. Francisco Drake trajo a Su Majestad británica en 1586 una muestra del fruto, junto a otras menudencias en oros y platas que esquilmó, para cumplir con su patente, a los barcos españoles. El ilustre corsario encontró la semilla en tierras de Carolina del Norte, a donde había sido trasplantada desde el Perú poco antes. El éxito en el viejo continente fue rotundo cuando el francés Antonio Agustín de Parmentier, farmacéutico mayor de la Casa Real de los Inválidos, publicó en 1773 una loa química a la patata. Cuentan los apócrifos cómo el boticario logró que sus vecinos le entraran de noche al huerto para robarle las patatas que hasta entonces habían sido planta ornamental preciada en los jardines de los castillos junto al río Loira. Federico Engels sacó a relucir a la patata en el primer capítulo de su análisis social revolucionario, por ser, según el sesudo filósofo, la materia prima que el hombre comió en el estadio superior de la barbarie. Mas de eso nunca se dieron cuenta los incas.

Una controversia peruano-caribeña: yuca, maní y cazabe

Se queja con cierta amargura el Inca Garcilaso del desprecio que la lengua quechua ha sufrido a costa de la denominación caribeña que asignan con preferencia los españoles a los productos naturales de la tierra conquistada. Llaman *maní* a una «fruta que nace bajo la tierra... y que asemeja mucho en la médula y en el fruto a las almendras» [22]. El cronista de Montilla reivindica para esa fruta el nombre andino de *inchic*.

Resulta laborioso poner fronteras en el reino de los tubérculos americanos. Por esa vía de los nombres, se circula desde la *batata* caribeña al *apichu* del Perú, pasando por el *szapallu* y el muy preciado pan *cazabe*: arrancan las raíces más gruesas, «las mondan, las cortan con unas piedras afiladas que encuentran en la playa y, poniéndolas en una olla, les exprimen el jugo, que es como un veneno si se bebe. Luego lo echan en una gran perola, como hogazas de pasta sobre el fuego, y lo dejan así hasta que cuaje; después lo retiran y lo ponen al sol a secar... Yo lo considero un alimento muy malo»[23]. Girolamo Benzoni acaba de echar por la borda de la ciencia culinaria unos diez mil años de ensayo en el tratamiento más adecuado de la *yuca*.

Desde los tiempos de La Española y de Santo Domingo conocían los españoles el peligro de envenenarse con el zumo de la yuca o, en palabras del doctor Cárdenas, con la maldad de esta raíz que «si se come cruda despacha con gran brevedad al que le toma y su a este mismo zumo se le da un ligero hervor o cozimiento, no solo no mata, pero es de sano y valioso mantenimiento»[24]. «Se come la *yuca* asada como zanahoria, y sin vino y sin él es un buen manjar»[25]. «Trago súbito que mata»; así precintó Fernández de Oviedo la yuca venenosa de las islas de San Juan, Cuba y Jamaica, avisando que la de Tierra Firme era inocua y se llamaba *boniata*.

Los barcos que recalaban en los puertos caribeños hacían acopio de *cazabe*, por ser pan de larga conservación según Benzoni: hasta tres y cuatro años puede ser comestible si no se moja. Tal período de caducidad queda reducido a un año en la noticia firmada por Fernández de Oviedo.

Inicial disputa sobre dietética americana

Para decorar con esmero la solemne filípica que dirige a su rey y señor, Francisco Vázquez, soldado del ácrata

Lope de Aguirre hasta el final de la tiranía del de Oñate, echa mano de los detalles del rancho amazónico; todo va con el paso cambiado en el Reino, según él, desde que el emperador Carlos conquistó Alemania con el oro de las Américas y los alemanes sedujeron a España «con vicios, que cierto nos hallamos acá más contentos con maíz y agua sólo por estar apartados de tan mala erronía, que los que en ella han caído puedan estar con sus regalos... Déjanos, señor, pescar algún pescado... y mira que hay Dios para todos, e igual justicia y premio, paraíso e infierno»[26]. La conquista es, a tenor de ese manifiesto para una rebelión, una cuaresma cristiana de la cual reniegan esos herejes al servicio del emperador.

El aprecio de los *fijosdalgo* por la despensa ultramarina fue escaso. El caudal inagotable de bienes de consumo propiedad de Moctezuma y los descomunales banquetes que oficia no son razones suficientes para evitar el desdén hacia su mesa cotidiana. «Por la mañana desque hacía sus oraciones y sacrificios a los ídolos, o almorzaba muy poca cosa, e no era carne, sino *ají*, estaba empachado una hora en oír pleitos...». Un monarca que no come ni en época libre de ayuno merece la reprobación de los bautizados y no es persona de fiar.

Los galenos tercian pronto en el complejo asunto. Los dos de mayor renombre, los doctores Hernández y Cárdenas, coinciden en el diagnóstico: la comida de las Indias obliga a laboriosa digestión y es de baja calidad y de corto poder reparador. «La poca virtud y sustancia de los mantenimientos de esta tierra hazen assí mesmo abreviar la vida..., la reparan tal mal que succede comer un hombre variedad de mantenimientos y destos en cantidad possible y aun mas de lo ordinario y después de aver comido le parece quedar más sin fuerza... porque con la ociosidad y copia de manjares se recoge y engendra gran copia de excrementos y éstos ahogan el calor natural»[27]. La prescrip-

ción contra males tan sutiles no podía ser otra que el recurso a alimentos importados, en vista de la indigencia de
esta «indiana región».

A la incomodidad del mobiliario mexicano asocia en su
análisis el protomédico de las Indias Francisco Hernández las privaciones de comida que incitan a la descomunal
avidez: «la mayor parte se contenta con tortillas untadas
con salsa de chile, a la cual añaden la fruta de algunos géneros de solano llamada *tomame*, y así no es de asombrar
que apenas se encuentre algo que se escape a la voracidad
de esos hombres o de que su paladar, a pesar del peligro,
no haya experimentado el sabor» [28].

Mal podían los nativos esforzarse en aumentar la calidad de su puchero si la creencia religiosa y la práctica cotidiana les empujaban a obtener la liberación integral del
cuerpo por su destrucción física. La costumbre caribe, extendida al Perú según los más respetados arqueólogos, de
poner junto al cadáver del rico difunto el de su bella esposa confirma esa tendencia espiritual hacia la aniquilación continuada. La metamorfosis final no es ficticia, al
menos en la parte de Panamá en donde, según describe
Fernández Oviedo, se procede a la desecación de los cadáveres aplicando un ritual funerario que podía durar varios años; hasta la desintegración de la hamaca sobre la
que el difunto apoyó su último suspiro. Era posible abreviar la ceremonia incinerando al señor y a su perro. Los
sacrificios humanos también se multiplican durante los
cuatro días de duelo en México; todos «lloran de noche al
Señor que muere, y el llanto consiste en cantar sus proe-
zas: lo tuestan, lo muelen, y echado en vino, se lo beben» [29]. Harto difícil se hace separar el sacramento de la
comida y el juicio final.

Cuando el negocio va mal, conviene echarle la culpa al negro. El recurso fue de uso ordinario en calamitosos períodos de conquista. Negro era, según la desfachatez de los soldados de Narváez, quien le pegó a los indios del Yucatán en 1520 la primera gripe española destinada a la exportación ultramarina.

> «No había entonces enfermedad,
> No había dolor de huesos
> No había fiebre para ellos»,

canta el vate anónimo del *Chilam Balam de Chumayel*; pero aquella «pestilencia mató gentes sin número..., los que escaparon quedaron con las caras ahoyadas, y algunos los ojos quebrados... En acabándose esta pestilencia vinieron los españoles». Hernán Cortés aprovechó los estragos causados por el primer ataque con armas bacteriológicas de que se tiene noticia y se apoderó, a las segundas de cambio, de Tenoctitlán y del imperio azteca; los súbditos de Cuitláhuac, mostraban un estado de postración acorde con unos cuarenta grados de fiebre y «el cuerpo y toda la cara y todos los miembros tan llenos y lastimados de viruelas que no se podían bullir ni menear de un lugar... y si alguno los meneaba daban voces.» El diagnóstico no presenta la menor duda.

Para compensar, quizás, tanta propaganda adversa de cuño racista, otro cronista atribuye a un negro de Cortés la proeza de haber cultivado las primeras espigas de trigo en Tierra Firme. Además, la ofensa supuestamente xenófoba queda borrada con nombre y apellido; e incluso absuelta, porque el autor de la enmienda es el cura López de Gómara. Se llamaba el negro Juan Garrido, «sembró en un huerto (de México) tres granos de trigo que halló en un saco de arroz; nacieron dos de ellos y uno tuvo ciento ochenta granos. Volvieron luego a sembrar (¿quién formó ya con Garrido agrupación triguera?) aquellos granos y poco a poco hay infinidad de trigo»[1]. Esta saludable parábola evangélica pone de manifiesto el ánimo jubiloso con que trabajaron aquellos trigueros de vanguardia.

Por una «olla de algo más vaca que carnero» hubieran vendido un día su alma al diablo los forzados andaluces y castellanos del otro lado del mar. Habida cuenta del menosprecio que de la cocina casera local hacían, su proyecto de permanencia, una vez superadas las primeras penurias, fue el de trasladar a América la cornucopia de las bodas de Camacho. El entero novillo ensartado en olmo entero, las seis ollas de carne (palominos, liebres y gallinas), el pan blanquísimo, las frutas de sartén y los vinos generosos componen el placentero bodegón que Cervantes regala a Sancho Panza en el capítulo XX de *El Quijote*. De confirmarse la propaganda del Almirante Colón[2], sólo queda poner manos a la obra: «Crean Vuestras Altezas que es esta tierra la mejor y más fértil y temperada y llana que aya en el mundo.»

La tierra comprometida

Regresa Colón a La Isabela en septiembre de 1494, tras once meses de apacible navegación caribeña, y constata el primer portento agrícola de la nueva era americana. Lo relata su hijo Fernando con filial devoción, dejando constancia de que los melones se criaron en dos meses, el trigo en parecido plazo y las sandías en tres semanas. Para rematar el prodigio vegetal, se refiere a los garbanzos que se crían en veinticinco días y además resultan más gordos que los de la semilla empleada. Colón insiste en la crónica de su segundo viaje en la fertilidad natural de las nuevas tierras, por el momento referida a las de las islas del Caribe. La publicidad de ese novísimo ministerio de agricultura y fomento se acredita con «la fermosura de la tierra d'estas islas... Somos muy ciertos que en esta tierra así el trigo como el vino nacen muy bien... La tierra es tal que deve procurar que se siembre lo más que ser pudiere» [3]. Tampoco en esto acertará el Almirante: la caña de azúcar ocupó en pocos años todas las hectáreas disponibles en aquellas islas, para mal de esclavos macheteadores y en beneficio de futuros monocultivos castristas.

Mas la fiebre del oro disminuirá pocas décadas después su calentura, a medida que se impone el mito de la Arcadia feliz inventado por el Almirante. Estos sitios y provincias, dice el alcaide del fuerte de Santo Domingo Fernández de Oviedo, «andando el tiempo crecerán y se ennoblecerán, en virtud de la fertilidad y abundancia de la tierra» [4]. He aquí un ejemplo de propaganda hipotecaria que dio ciertamente muy buenos frutos: de su finca de Cartago proclama con amor geográfico Pedro Cieza, dueño allí de un repartimiento de indios, que «el tiempo andando ella vendrá a ser de las ricas tierras de las Indias».

En este contencioso frutal entre el viejo y el nuevo mundo, América gana los primeros tantos, y de ello son conscientes los gestores de la instalación española. «Mejor han sido pagadas las Indias en lo que toca a plantas, que en otras mercaderías; porque las que han venido a España son pocas y danse mal; las que han pasado de España son muchas y danse bien..., trigo, cebada, hortaliza..., ajo, perejil, nabos..., naranjos, limas, cidras... (Suma parcial, veintisiete). A todo ha respondido bien la tierra» [5]. A pesar de su prolijo catálogo, el jesuita Acosta no alcanzaría hoy a nublar con él los muelos de maíz que se almacenan en los silos de los cinco continentes. Añádanse, a beneficio de inventario, los siguientes frutos que cruzaron el Atlántico en dirección oeste para colmar el sueño del gran banquete colonial: arroz, vid, almendros, olivos, peras, melones, higos, espárragos... y lirios.

Es deber del capitán ordenar las labores de espada y arado a partes iguales. Don Pedro de Valdivia, militar de acendrada estirpe, escribe al emperador para explicarle «cómo vi las orejas al lobo y... para permanecer en la tierra y perpetuarla a V.M., habíamos de comer del trabajo de nuestras manos, como en la primera edad, procuré darme a sembrar, y hice de la gente que tenía dos partes, y todos cavábamos, arábamos y sembrábamos en su tiempo, estando siempre armados y los caballos ensillados de día.» No se le cayeron los galones a Valdivia cuando preparaba así desde Perú el asalto supremo contra los araucanos, bajo cuyas lanzas se desplomó el español en Tucapel, en 1553.

Los administradores con visión de futuro emplearon gran diligencia para acrecentar esa operación agropecuaria, tenida hoy como descalabro ecológico por algunos defensores de un paraíso terrenal en forma de laboratorio. En cuanto llegaba la simiente, comenzaba la sementera, «y certifico a vuestra cesárea majestad que si plantas y semillas de las de España tuviesen y vuestra alteza fuera servido de nos mandar proveer dellas..., en poco espacio de tiempo hobiese acá mucha abundancia» [6].

La harina de Popayán, muy rica en gluten

Veinticuatro azotes le costó la entrada al espectáculo al pequeño Inca Garcilaso. Su padre y su maestro le propinaron semejante tunda, por haber hecho él novillos para asistir a la fiesta de los bueyes, la primera arada de que se tiene noticia en tierras de Cuzco. Tres yuntas, tres (los bueyes se llamaban *Chaparro*, *Naranjo* y *Castillo*), roturaron el valle en 1555, y la asistencia india tuvo el asombroso experimento agrícola por inmoral, porque «los españoles, de haraganes, por no trabajar, forzaban a aquellos grandes animales a que hiciesen lo que ellos habían de hacer» [7]. No mostró el cacereño Juan Rodríguez de Villalobos, dueño de las yuntas, dolor de contrición por aquella supuesta agresión al orden natural y pronto convenció a los indios de la oportunidad de aprender el oficio de gañanes.

Se hace complicado y hasta resulta impertinente fijar la fecha y el sitio de la primera producción de trigo americano, cumplida la etapa experimental casi siempre en jardín de frailes. No medró mucho el cereal en las islas, antesala de la conquista, debido al clima adverso, a pesar de las buenas voluntades y también de las Reales Órdenes que se dejaron llevar por la campaña de publicidad colombina en favor de la buena venta de aquellas tierras. Admitido el escaso poder nutritivo del pan de aquellas islas (el *cazabe*), la fertilidad del terreno y la benignidad del clima, la Corte de Castilla marca la pauta: «Hace poco el Rey ha ordenado que el grano (trigo) sea sembrado en distintos lugares y en diversas estaciones del año»[8]. La paupérrima recolección mueve al pesimismo: tallos vacíos, pocas espigas... El de Anghiera tiene que aceptar, como sus informantes, que aquella no es tierra de pan llevar.

A la misma deducción llega el otro italiano en labores de espía, Girolamo Benzoni, cuyo informe condena definitivamente a la isla de Haití al monocultivo de la caña de azúcar. Contra la opinión de que en aquella isla, cuya forma «es parecida a la de la hoja de castaño», nace bien el trigo, se alza aquel comisario que anda por entonces rastreando El Dorado y certifica: «yo digo que no se cosecha ni poco ni mucho. Les he preguntado a ciertos españoles ancianos la razón de ello y me contestaron que se debía al gran calor que hacía en toda la isla»[9]. Respuesta acertada; habrá que seguir probando en otros parajes, que latitudes y longitudes bastan y sobran.

Benzoni dejó en su *Storia del Mondo Nuovo* uno de los más clásicos manuales para psicólogos investigadores en el que se encuentran algunos enunciados tan agudos como éste: lo oído y lo leído pesan más que lo visto. Catorce años duró la correría del milanés por las Indias. Nada dejó dicho de su genuino encargo, y para mejor camuflar el mensaje se hizo pasar por platero y hereje luterano rehabilitado en México. Remató el episodio dedicando con filial reverencia su libro al pontífice Pío IV. Este Benzoni, todo oídos en tierra de caribes, niega a los pérfidos españoles cualquier habilidad para hacer prosperar aquel confuso mundo; sólo en el cultivo de la caña de azúcar y en la cría de ganado vacuno han tenido cierto éxito, según él. En Puerto Rico, en La Española y en Cuba funcionaban cuando pasó el milanés más de un centenar de ingenios azucareros.

El éxito de esa producción fue rotundo en La Española, en donde «hay muchos y muy ricos ingenios de azúcar la cual es muy perfecta y buena; y tanta que las naos vienen cargadas de ella cada año»[10]. 50.000 ducados de oro costaba uno de esos molinos, precisa el informador. La melaza corría abundante en aquellos trapiches servidos por la mano de obra negra y esclava con que la política económica del Virreinato colmó el vacío de la aniquilación de los nativos. 5.000 toneladas de azúcar llegaron a refinar cada año los colonos mexicanos un siglo después de que Hernán Cortés hubiera plantado las primeras cañas dulces. No podían competir ni allí ni en Perú con las ubérrimas producciones de las islas; así que el azúcar es objeto de publicidad intensiva, se destina al consumo local y se pone de moda la afición a las golosinas, a pesar de la inquina que esa depravación alimentaria modernista causaba en los cabildos civiles y eclesiásticos. El enojo se debía quizás a que el producto no pagaba todavía impuestos indirectos.

En México el trigo debió competir, tanto en la tierra como en el mercado, con el dios maíz. Las primeras siembras de aquel grano pasan sin pena ni gloria en las crónicas, sin admiración ni aspavientos, y con un punto de escepticismo sobre el futuro del cereal blanco. «Siembran trigo y los benefician y cogen — afirma Bernal Díaz — y lo venden y hacen pan y bizcochos»[11]. Desaparecieron los graneros públicos de la época prehispánica y, tras la conquista, comenzó la carrera comercial del trigo frente al maíz, cuyas producciones corrían parejas en el último siglo de la colonización.

El trigo es grano más frágil que el maíz y presenta más problemas de almacenamiento; pero los grandes hacendados juegan la carta de la modernidad y los gobernantes conocen mejor el negocio triguero para establecer el control del mercado y evitar la regatonería (estraperlo). La producción de ese cereal y también de la cebada se extiende sin urgencias, sobre todo en las comarcas aledañas a las grandes ciudades. Del fenómeno agrícola queda constancia en la arquitectura de las trojes y de los molinos que aparece en paralelo. Son renombradas las haciendas de Zacatecas, que se dotaron de aceñas en el siglo XV y construyeron en piedra singulares almacenes de granos y de harinas, al estilo de fortalezas militares coronadas por airosas almenas.

Como ocurriera en Cuzco con las yuntas de bueyes, tampoco le pareció acertado a una parte del público autóctono la instalación de molinos de agua, según dice de oídas el capellán de Cortés Gómez de Gómara. Para inaugurar la fábrica de harinas, «tuvieron gran fiesta los españoles, y aun los indios, especialmente las mujeres, que les era principio de mucho descanso, mas empero un mexicano hizo mucha burla de tal ingenio, diciendo que haría holgazanes a los hombres e iguales, pues no se sabría quién fuese amo ni quién mozo» [12]. Esa presunta resistencia de los invadidos a los signos de los tiempos, que ciertamente no eran los suyos, forma parte del ceremonial de los invasores para justificar el uso y abuso de mano dura. En los casos de molinos y de aradas, la consigna es un excepcional grito de progreso en ambiente de colonia.

Con el corazón partido entre sus ancestros incas y su progenitor bajense, Garcilaso da relación de la entrada del trigo en Perú por iniciativa femenina. No faltaron murmuraciones en Rimac, a causa del tesón mostrado por doña María de Escobar, mujer «digna de un gran estado», para conseguir el título de *Ceres de América* que le otorga con adoración el cronista. En un año no precisado pero cercano a la mitad del siglo XV, la señora de Escobar procede al reparto de veinte o treinta granos de trigo entre sus vecinos y allegados, sólo «los más amigos, para que gozasen todos de la nueva mies» [13]. Tres cosechas conse-

cutivas permitirían al fin hacer de la primera molienda
una fiesta cereal inolvidable, y doña María recibió por
merecida recompensa un buen repartimiento de indios en
Cuzco, «que pereció con la muerte de ellos.»

Sin una sola lágrima por los difuntos, el inocente cereal
se apodera, irrefrenable, de los labrantíos de maíz, hasta
las cotas andinas donde maduran las mejores patatas; al
punto que en ciertos valles como el muy fértil de Pasto
«no se come pan de maíz, por la abundancia que tienen
de trigo» [14] en cuanto los españoles tienen tiempo de
plantar allí sus «estancias y caserías». La meteorología es
propicia para el cultivo de frutos espigados, a tenor de la
observación climática y también de alcoba que el ventu-
roso Cieza de León coloca a pie de página: «La tierra de
los pastos es muy fría en demasía..., de manera que aquí
no da fastidio al marido la compañía de la mujer (?) ni el
traer mucha ropa. Hay invierno y verano, como en España». Las reglas de urbanidad y de convivencia entre
cónyuges son muy aleatorias, a lo visto, por debajo de la
línea equinoccial.

Los cálculos de rendimiento triguero que nos han hecho llegar nuestros testigos de sementera y siega pondrían
los dientes largos a los labradores de los más adecuados
páramos y cortijos españoles. Es un exceso de exageración y un homenaje al evangelio la estadística del zamo-
rano fray Toribio de Motolinía, andarín incansable y reputado evangelizador de aztecas. En San Francisco de los
Angeles «había un vecino que estaba sembrando la tierra
que estaba señalada al monasterio, de trigo, y estaba
bueno...dijo que había sembrado una fanega y cogido
ciento» [15]. Tuvo un amigo en Huarcu el Inca Garcilaso, de
nombre Garci Vázquez, que bien podría haber optado al
primer premio de la secretaría del fomento agrario haciendo valer la siguiente declaración transcrita, no sin
cierto retintín, por el cronista: «No se os haga duro de

creerlo, porque os digo verdad como cristiano, que sembré dos hanegas y media de trigo y tengo encerradas seiscientas y ochenta, y se me perdieron otras tantas por no tener con quién las coger» [16]. El rendimiento es tan colosal que los adelantados trigueros americanos hubieran tenido hoy graves problemas de excedentes. Se aprecia al fondo con tristeza que la mano de obra falta desde que dieron en arrasarla los crueles encomenderos en aquellas Indias, dispuestos ellos a «despedazallas, matallas, angustiallas, afligillas, atormentallas y destruillas», en espantosa fórmula del padre Bartolomé de Las Casas.

Nadie ignoraba por entonces en aquella América innominada que las tierras más alegres para dar pan estaban cerca de Quito, a pesar de que a primera vista parecieran estériles. Viven allí, además, gentes mucho más juiciosas que en las otras partes del reino del Perú; así opina Cieza, al aplaudir el matriarcado y la monogamia que se respetan por aquellos pagos antes de dejar constancia del ritmo de los trabajos y los días: «en las vegas se coge gran cantidad de trigo y cebada..., entra el verano por el mes de abril y marzo y dura hasta el mes de noviembre, y aunque es fría se agosta la tierra ni más ni menos que en España» [17]. Como los naturales son buenos labradores y nunca fueron «tan políticos como los incas», el establecimiento de las nuevas culturas agrarias cuenta con las mayores ventajas para triunfar.

El recuento estadístico triguero de Cieza salta en cada uno de los ciento veintiún capítulos de su *Crónica del Perú*: hay en Jauja trigos «tan frescos y viciosos que parecen matas de albahaca»; en Guamanga, ciudad fundada por Francisco Pizarro el 9 de enero de 1539, «se hace pan tan excelente y bueno como el mejor de Andalucía», y en Popayán los sembrados de maíz comienzan a ceder terreno al trigo para que en pocas décadas pueda asignarse a aquel valle el apelativo de «granero del Perú».

El monje de Nuestra Señora de Guadalupe fray Diego de Ocaña, comisionado promotor de la veneración mariana en América cuando el siglo XVI tocaba a su fin, se aposenta en el Convento de Agustinos en Pacasmayo para comprobar la buena marcha de su piadosa denominación de origen. Una pulcra imagen «pequeña y no tan morena» como la de España, milagrera mientras «tañen los indios las chirimías y repican las campanas y el preste inciensa la imagen» [18], ha sembrado la abundancia en la región acortando a siete el número de meses que tarda en criarse el trigo, que se da además en todos los meses del año. El citado representante espiritual fija el límite sur de los trigales americanos cuando llega a tierra de araucanos. Allí, por Concepción, Churúa y Chiloé, las sementeras de maíz, porotos y trigo son tan excelentes como bravíos parecen los indios que pueblan la región. En reconocimiento del respeto que guardan a Valdivia, tanto como veneración a su caudillo Caupolicán, el fraile de Ocaña los eleva a la categoría de manchegos, ya que ese valle de Arauca «vienen a ser derechamente antípodas por un estado de los manchegos de España, y simbolizan los indios con los manchegos en las fuerzas.» De Chile llegaban a las otras tierras del continente en las últimas décadas de aquel siglo los más importantes suministros de trigo para compensar las carestías locales. Esa fue una de las primeras experiencias logradas del comercio interamericano.

Los latifundistas chilenos aprovecharon dos coyunturas favorables para controlar el negocio: la primera, proveer de comida a las 150.000 tristes almas que en Potosí arrancaban a la tierra con angustia ilimitada la plata que provocó en Europa euforias financieras e inflación galopante; la segunda, una plaga apocalíptica que abrasó los campos de cereal en Perú. No presentaba competencia todavía la agricultura de la cuenca del Plata, ya que los indios se negaron a cultivar trigo allí a pesar de las órdenes de la Gobernación, y los españoles y los mestizos habían de importar el grano para gozar de pan blanco en la mesa.

Nazca Gran Reserva 1550: viñas bajo los Andes

El comodoro John Byron, abuelo del poeta famoso, degustó el vino de los Andes con el placer que engendra sobrevivir a un sonado naufragio en el golfo de las Penas. Viene a cuento la miscelánea porque nos da cabal informe de la progresión del vino americano. Dos siglos después de que las primeras cepas fueran plantadas bajo la sombra larga y maternal del Aconcagua, el infortunado ancestro inglés que servía en la flota de lord Anson (su naufragio data del 14 de mayo de 1741) se reconforta a la mesa del gobernador de Chacao con un tinto nada desdeñable. El caldo había llegado, quizás, en el buque anual de Lima, correo éste con cadencia muy aproximada; la carga debió pasar desde Valparaíso a la Patagonia, estaba destinada según parece a los padres jesuitas. Aquella ración de vino hubiera servido para el servicio de las misas que los hijos de San Ignacio, llamados *los estripadores* por su mucho afán misionero, podían decir teniendo el polo sur en el horizonte del altar.

La vid encontró buen acomodo en los dos extremos geográficos de los dominios españoles: en las misiones de California y en los valles andinos del sur del Perú y especialmente en los del norte de Chile. Durante dos siglos, la Corona procuró poner coto a los vinateros de las colonias, cuyos lagares hubieran podido inundar toda La Mancha; las cédulas reales establecen la prohibición de ese comercio, obligan a los indianos a recibir los excedentes de España y limitan las plantaciones de viñedo en algunas de aquellas feraces comarcas. Mas si Castilla es ancha, América no cabe en los decretos. Felipe III acabará por aceptar las infracciones con sentido práctico, es decir, aplicándoles por igual indulgencia e impuesto: el dos por ciento del valor de la vendimia debía ser ingresado en las arcas reales.

La virtud del vino peruano y chileno andaba ya de boca en boca cuando el padre Acosta redactó su *Historia natural y moral de las Indias* y había estallado la guerra de los precios. «Han crecido tanto las viñas que por su causa los diezmos de las iglesias son hoy cinco y seis tanto de lo que eran ora veinte años. Los valles más fértiles de viñas son Víctor, cerca de Arequipa; Yca, en términos de Lima; Caracato, en términos de Chuquiavo... es grande granjería porque vale con toda el abundancia una botija o arroba cinco o seis ducados, y si es de España (que siempre se lleva en las flotas) diez y doce» [19]. Las excepcionales vendimias de esa denominación de origen *Andes* no tienen parangón con las de otros viñedos del Mundo Nuevo: en el Caribe se han secado los bacillares; en México no acaban de dar con una variedad adecuada al clima y al terreno y en Río de la Plata se debían conformar con el poco y más que escaso trago de la bota de vino que el gobernador Alvar Núñez Cabeza de Vaca entregó a los comisionados fundadores de Buenos Aires, quienes «para administrar los santos sacramentos en las iglesias y monesterios..., fueron proveídos de vino y harina, y les repartió los ornamentos que llevó» [20].

La malograda crianza de las cepas en la isla de Haití quedó perfectamente probada cuando unos majuelos llevados por Colón en su segundo viaje se agostaran en pocas semanas. Cerca de Cibao el secretario Diego Caballero repitió la experiencia vitícola, quizás con vistas a la buena venta del mosto en la cercana región aurífera. Todo se quedó en agua de borrajas, las de las parras resecas, porque allí «las vides dan racimos pequeños... y no tienen muy buen sabor». El personal mestizo y negro preferirá siempre el sabor recio de los alcoholes locales y pondrá los más virtuosos fundamentos al negocio del ron y del cubalibre.

El alcaide de la fortaleza de Santo Domingo, González de Oviedo, redactó su famoso *Sumario* en 1525, el mismo año de la fundación del *Consejo de Indias*. En esa relación se establecen las condiciones del consumo: cuentan con buenos ingenios en la citada isla para tratar la caña de azúcar, y nadie «se da a hacer pan ni a poner viñas, porque en aquel tiempo que estas cosas tardaran en dar fruto, las hallan a buenos precios y se las llevan las naos desde España».

A punto de pronunciar auto de excomunión estuvo don Jerónimo de Loaysa, arzobispo de la Ciudad de los Reyes, cuando tuvo noticia de la llegada a la localidad de dos mercaderes que vendían la botija de vino a doscientos ducados. El monseñor había hecho cala y cata unos meses antes para dar con la últimas existencias de bodega, que se resumieron, según cuenta con suntuosidad de pormenores el Inca Garcilaso, en «media botija de vino, y se guardó para las misas». Cuzco y todo su contorno sufría la más rigurosa ley seca, a causa de la escasez del abastecimiento desde las zonas de producción. La primera añada de vino de Cuzco data de 1560, si hacemos caso a la indicación de Garcilaso, aquel cronista de corazón partido. Ese año, don Pedro López de Cazalla, oriundo de Llerena, hizo méritos para ganar la condecoración que los reyes de España habían prometido «al primero que en cualquiera pueblo de españoles sacase fruto nuevo de España»[21].

Bases del certamen:

1. Podrán participar los vecinos de cualquier pueblo de españoles.

2.   Habrán de sacar fruto nuevo de trigo, cebada, vino o aceite; de los líquidos, la cantidad obtenida habrá de superar un medio cahid; de los sólidos, la cosecha tendrá que ser al menos de cuatro arrobas.

3.   La joya (premio) se pagará a cuenta de la Real Hacienda y será dos barras de plata de a trescientos ducados cada una.

No consta que López de Tafalla se alzara con el primer concurso ultramarino, apartado vinos y licores, aunque sí pisó con aplicación en una artesa la vendimia de su heredad de Marcahuaci (Cuzco), que le vigilara hasta el tiempo de sazón un capataz portugués de nombre Alfonso Váez.

Su majestad el injerto y algunos frutos de alacena

Las huertas de Trujillo huelen a tierra mojada y a azahar. Las acequias que riegan aquellos vergeles salen de un río grande y los españoles se han dado buen trabajo para repetir en territorio de paganos los milagros vegetales de Murcia y de Valencia. La magia huertana de Trujillo descrita con deleite por Cieza de León se repite en Cali, «por donde corren ríos pequeños y de muy buena agua» [22]. En el valle de Huarcu, el Inca Garcilaso sitúa los mayores prodigios de la naturaleza cultivada; en el de la *Yerba Buena*, antes *Rucma*, «crecieron tanto las primeras escarolas y espinacas que sembraron, que apenas alcanzaba un hombre los pimpollos de ellas, y se cerraron tanto que no podía hender un caballo por ellas.»

Los semilleros se multiplican por doquier y los plantones se expanden al ritmo de las cosechas. El clero conventual gana la vanguardia del trasplante y del injerto; «acá en Nueva España los mismos frailes han plantado casi todos los árboles de fruta, y persuadieron a los españoles para que plantasen ellos también» [23]. La mesa monacal y la de los ricos encomenderos sólo acepta ciertos exotismos locales que la diferencian apenas de la de sus primos de España.

Con gran secreto trasplanta tres olivos del valle del Genil en las antiguas tierras de incas, el año 1560, el vecino cuzqueño Antonio de Ribera. Cien negros y treinta perros custodiaban la primicia aceitera. Nadie sabe qué astucia empleó el ladrón (el Inca Garcilaso se inclina por el soborno de los centinelas y el adormecimiento de los perros), mas «le hurtaron una noche una de las tres plantas, la cual en pocos días amaneció en Chili, seiscientas leguas de la Ciudad de los Reyes.» La crónica anuncia el regreso del árbol gracias a los denuestos y amenazas lanzados por el dueño contra los atracadores, y da fe de la bondad de la tierra chilena para el cultivo de la aceituna, cuyas primeras recolecciones se consumirán en fresco. Y aquí termina el tratado de la producción oleícola americana, víctima de la dura ley del monopolio que aplicó la Corona en beneficio de los aceituneros de Jaén. El olivo, además, se resiste desde los tiempos de Herodoto a abandonar su cuna mediterránea.

El tamaño de los frutos aclimatados también es motivo de admiración. Una granada, emblema frutal de trofeos ganados con perseverancia, fue paseada «en las andas del Santísimo Sacramento en la procesión de su fiesta... Yo no oso decir qué tamaña me la pintaron, por no escandalizar los ignorantes..., por otra parte es lástima que por temer a los simples se dejen de escribir las maravillas que en aquella tierra ha habido..., la granada era mayor que una botija de las que hacen en Sevilla para llevar aceite a Indias» [24]. Aquella lucida ceremonia procesional en Cuzco no consiguió restablecer la concordia que entre el cielo y la tierra reinaba en aquellos territorios desde antiguo,

exactamente desde los tiempos en que el primer gran inca
Manco Capac devolvió al sol su imagen reflejada en el
gran disco de oro.

Feliz edad y bienaventurada tierra, si no fuera porque
la maldad de los hombres seguía añadiendo fardos a la pe-
sada carga de los dueños legítimos de aquella parte del
globo recién circundado. Aquella «tiránica y horrible servidumbre» denunciada con gallardía por otros españoles,
aquellas «matanzas y despoblaciones» divulgadas por
fray Bartolomé, obispo de Chiapas, son contemporáneas
de la fusión de las floras y de las faunas.

Los inventarios de esa amalgama referida al reino vegetal se contienen, entre otros, en los compendios de el Inca
Garcilaso, del milanés Benzoni y del medinense Acosta:
tres observatorios de distinto gusto e intención que dan
por resultado la siguiente tabla melódica de las plantas
europeas que obtuvieron ciudadanía americana:

agras, repollos, rábanos, melones
        calabazas, cebollas y garbanzos;
lentejas, nueces, higos, alhucemas,
        peros, duraznos, ajos y naranjas;
lechugas, berzas, perejil, acelgas,
        zanahoria, escarola y espinaca;
habas, cidras, nabos, berenjenas,
        albérchigos, ciruelas, y culantros;
albaricoque, espárrago, ajonjil, comino,
        alcaravea, verdolagas y poleo;
anís, mostaza, trébol, manzanilla,
        ajenuz, orégano, avenate... y rosas clavelinas.

Este cesto obsceno al gusto español contenía, por
cierto, un bulbo bien dentado, el ajo, que saldó la deuda
contraída con los paladares autóctonos, si nos apuntamos
a la inocente pesquisa culinaria del jesuita Acosta, hom-

bre docto en ciencias naturales, morales y teológicas y
gastrónomo de prestigio en las mesas conventuales de
México, Lima y Arequipa: «De las raíces de Europa, el
ajo estiman sobre todo los indios, y le tienen por cosa de
gran importancia, y no les falta razón porque les abriga y
calienta el estómago, según ellos le comen de buena gana
y asaz así crudo como le echa la tierra» [25]. No le fue a él
de provecho ese ajo, lujuria de infieles, para sobreponerse
a «las congojas de corazón y humor de melancolía» que le
acometieron cuando hubo de enfrentarse al virrey don
Martín Enríquez de Almansa y defender con uñas y dientes los intereses de la Compañía de Jesús en Perú y en
Nueva Granada.

5. Segundo suministro del Arca de Noé. Las nuevas viandas y en especial la del carnero

Los perros americanos son mudos; habitan aquella tierra ciertas bestias que no son ni carne ni pescado, y por el mar aledaño se aparecen enormísimos peces con estampa de monstruos o de sirenas. Faltan especies y razas, los paganos consumen mayormente vegetales y se reclama el diligente remedio de esos incomprensibles errores, ocultos en los sacrosantos planes de la versión semanal de la creación.

Con clamores bíblicos saludan las crónicas la llegada al Nuevo Mundo de los animales que allí no se encuentran. Alimentó astutamente Colón la quimera que ablanda las mentes marineras, justificando con letra del Antiguo Testamento los paseos nocturnos de las ninfas por el mar de los Sargazos. Sabía demasiado el Almirante... No muestra estupor alguno cuando halla los anunciados *dugongos*, estrambóticos mamíferos oceánicos y parientes pobres de las sirenas. «En una ensenada de la costa de la Hispaniola vi tres..., pero les faltaba mucho para que fueran tan bellas como las de Horacio»[1]. Cuando aquel diligente Ulises en mares caribeños pisa tierra firme, percibe pronto las carencias zoológicas y propone un plan de invasión desde Europa: «que se hagan transportes de carneros bivos, e aun antes de corderos e corderitas, más fembras que machos, e algunos veserros e bezerras pequeños son menester que cada ves vengan en cualquier caravela que acá se enbiare, e algunas asnas e asnos e yeguas para trabajo e simiente, que acá ninguna d'estas animalias ay de que hombre se pueda ayudar ni valer».

Con la inestimable ayuda del libro del Génesis, de Plinio y de Aristóteles, el padre José de Acosta logra poner mediano orden en el calendario y en el mapa de la evolución animal ensayada sobre aquel segmento del globo terráqueo. ¿ Cómo han pasado a esta parte de tierras tan viciosas los leones y los tigres y los osos y las zorras..? «Pasar el Océano a nado es imposible, y embarcarlos consigo hombres, es locura; síguese que por alguna parte donde el un orbe se continúa y avecina al otro, hayan penetrado y a poco a poco poblado aquel nuevo mundo. Pues conforme a la Divina Escritura todos estos animales se salvaron en el Arca de Noé»[2]. Sonoro elogio merece la clarividencia del fraile de Medina: el estrecho de Bering fue descubierto por el explorador danés del mismo apellido y de nombre Vitus en 1728. Resuelto el enigma para los tigres, a los que se tienen por más bravos, crueles y traicioneros que sus hermanos de Asia, el reverendo Acosta colma su perspicacia con los ciervos, que han pasado fácilmente «por su ligereza», y con las aves (perdices, tórtolas, garzas...) porque «no hay duda que pudieron pasar, y muy mejor como pasaron» los leones y tigres.

Tanto raciocinio del clérigo pone en peligro de herejía a su doctrina sobre la distribución geográfica de las especies, cuando cae en la cuenta de que los carneros del Perú (*pacos* y *guanacos*) «no se hallan en otra región del mundo, ¿quién los llevó al Pirú, pues no quedó rastro de ellos en todo el mundo?» El cura sabe que cuando naufraga el principio aristotélico de *causa-efecto* es adecuado fiar a los instintos la explicación de las conductas de los brutos: salieron del Arca de Noé los diversos géneros de animales y «por instinto natural y providencia del cielo..., se fueron a diversas regiones, y en algunas de ellas se hallaron tan bien, que no quisieron salir de ellas». El *Popol Vuh*, o *Libro del Concejo de los Mayas-Quichés,* resolvió el enigma haciendo viajar en barcas muy estiradas a las bestias de origen ignoto, y situando a los *verdaderos hombres* equidistantes entre los animales y los dioses. Todo queda así en perfecto orden natural y celestial, hasta que Darwin no se digne mandar otra cosa.

Pocos años pasan desde el encargo del Almirante a Sus Altezas para que «trayan de los dichos ganados..., los cuales se podrían pagar en esclavos d'estos caníbales»[3], y hasta darnos de bruces con dos apuntes complementarios sobre la excelente crianza de los bichos en el Nuevo Mundo. El primero, debido al probado mal humor de Benzoni: «En ninguna de las islas... se ha encontrado especie alguna de animales de cuatro patas, salvo unos conejos pequeños como perros... y unos insoportables animalillos llamados *niguas*, del tamaño de una pulga». El segundo, salido de la frondosa pluma del jesuita Acosta, quien certifica el transporte de sesenta y cuatro mil trescientos cincuenta cueros en la flota de 1587, desde Nueva España a Sevilla. Tal mercadería invade el comercio peninsular y empuja al precipicio de la quiebra a los productores mesetarios. También las especies pequeñas trasplantadas a América se despliegan con celeridad en las nuevas tierras, al tal punto que el gobernador de La Española pone coto a la raza canina «que es una plaga de aquella isla, porque se comen los ganados y andan a manadas por los campos. Los que matan (a los perros) tienen premio por ello, como hacen con los lobos en España»[4].

Esplendores del reino animal: las cacerías imperiales

Salió de caza el infeliz Moctezuma llevando a sus flancos guardias españoles y ojeadores mexicanos. Diez jinetes barbudos, espada en mano, siguen la ruta venatoria del rey cautivo; tres mil de los suyos, entre señores criados y monteros, ejecutan la sagrada liturgia de batida de leones y redada de pájaros. Lo cuenta con ostentación y en España el capellán López de Gómara, sin esconder ni un ápice en su relato por delegación el regusto de haber mantenido bajo rejas aun en pleno campo al dueño nominal de un dilatado imperio. Las piezas cobradas deberían pasar a la mesa del prisionero, como exigían los cánones; mas poco le importa a él y a sus carceleros el detalle de esa cobranza.

«—¡Oh, qué buen gavilán! ¡Quién lo tuviese!» El antojo viene de la boca de uno de los vigilantes españoles. Si permanece aún la armonía todavía en aquel mundo, aunque haya sido zaherida por «gente extranjera, blanca, barbuda y oriental», llegado es el momento de probarlo. Llamó Moctezuma «a algunos criados que decían ser cazadores mayores y les ordenó que siguiesen a aquel gavilán..., se lo trajeron y él lo dio a los españoles..., lo cual hizo por demostración de grandeza y vanagloria»[5]. ¡Ay de los vencidos! De nada sirve a un rey cautivo entregar una presa al dueño de su prisión si no es para denotar la potestad de quien cobra el trofeo.

También el Inca salía de caza con mucha aplicación y solemnidad. El rastreo tenía por objetivo principal el de «limpiar el campo de la mala canalla». El calibre de la

operación es para dejar atónitos a los más honestos ojeadores, porque el Inca convocaba a unos treinta mil indios
por cada mano y les ordenaba andar llanuras, cordilleras
y collados haciendo cercos de hasta treinta leguas. El fo-
llón venatorio era formidable: «iban dando voces y ojean-
do cuantos animales topaban por delante, y ya sabían
dónde habían de ir a parar y juntarse las dos mangas de
gente para abrazar el cerco que llevaban hecho y acorralar
al ganado..., apretaban la caza con tres y cuatro paredes
de indios hasta llegar a tomar el ganado a manos»[6].

El magro botín de aquella guerra o montería controlada consistía en unas cuarenta mil cabezas por rastreo.
La usanza imperial obligaba a una sabia y equitativa distribución de aquel producto interior de brutos. La familia
real se quedaba con toda la fina lana de las *vicuñas* atrapa-
das; nadie que no llevara sangre real en sus venas podía
vestir «de aquella lana, so pena de vida». De la carne de
dicho animal amante de las cumbres se hacía donación, en
su mayor parte, para los *curacas*, así como de la de los
corzos. La gente plebeya gozaba durante varios días de
olla con carne gracias a la recibida de aquellas cacerías
exorbitantes, «de la cual hacían además los tasajos llamados *charquis*, que les duraban todo el año. Las hembras
del ganado no dañino eran puestas en libertad, así como
también los mejores sementales. Nota para cazadores codiciosos: el gran inca imponía la veda durante tres años en
los territorios esquilmados por esa tan bien ordenada y
popular cacería.

Armonía de las recuas y encanto de los jardines

No criaban animales en manada ni los aztecas ni los
mayas, y los incas sólo aplicaban ese régimen de produ-
ción cárnica a sus lanudas vicuñas. Entre pilares de jaspe

guardaba empero el melancólico Moctezuma los más elegantes ejemplares de tigres, leones, *onzas* y lobos que le traían sus monteros.

De los «aviarios, jaulas y arsenales» del jefe azteca habla con fascinación el médico Hernández. Estos departamentos de palacio daban trabajo a trescientos indios, encargados de atender a todos aquellos bichos de pelo y pluma (tigres, panteras, coyotes, alcotanes, milanos, gavilanes y buitres...) y también a las demás rarezas zoológicas del género de los ofidios (serpientes multicolores encerradas en ánforas) a las que habían de alimentar con «moscas y sabandijas que eran su comida.» El cura de Gómara hace también elogio de ese jardín zoológico de Moctezuma, señalando que de allí nada salía con destino a la cocina, aunque se podían ver peces de más de diez arrobas y aves que eran muy buenas para la caza. No se atreve el cronista a confirmar que las «culebras como un muslo» se cebaran con las sobras de los sacrificios humanos, aunque algunos testigos directos le contaran que «les echaban de esa carne pues con mucho agrado se la comen unos y otros lagartos»[7]. La belleza de los colores y de las formas animales se nubla un ápice con esas sangrientas precisiones sin certificado, y con otras de no mayor cuantía moral.

El cartel publicitario destinado a arruinar el prestigio del gran azteca y a destruir su memoria contiene anotaciones tan malintencionadas como la que sigue: «dicen que había una aula ornada con oro y piedras preciosas, en la cual se retraía Moctezuma de noche para hablar familiarísimamente con los demonios y recibir sus respuestas acerca de acontecimientos futuros»[8]. Los rugidos del león, los graznidos del buitre y el silbido de la sierpe componen tenebroso concierto con los suspiros de los desgraciados mortales, mantenidos allí en cautividad permanente: «para entretenimiento (encerraban), también hombres que desde su nacimiento eran albinos, enanos, jorobados, lisiados, convulsos o los que de cualquier manera presentaran una forma monstruosa... Había muchos que no habían nacido así, sino que habían degenerado hasta esta deformidad por injuria a su naturaleza.» Tantas calamidades y desventura ponen puente de plata a la aplicación severa de las doctrinas cristianas, o menos, de los nuevos amos. El tejido propagandístico de estos escritos es un modelo de perfección, como lo es de fortaleza de ánimo y de inteligencia el memorial de agravios compuesto por fray Bartolomé de Las Casas y perfeccionado en alegatos mejor razonados de sus epígonos.

Vino Cortés a España en 1528 y dejó patente que el regusto por la extravagancia física de los prójimos, sobre todo si ellos no tienen ni siquiera la fuerza de la palabra, no es exclusivo de ninguna latitud terrestre. El capellán privado del conquistador,. sumamente propenso a dar justificación de los más sutiles atropellos, nos informa que en los dos navíos armados por Cortés para el viaje de las reivindicaciones se dio pasaje gratuito a quienes quisieron visitar a la familia después de la gesta de México, y también a «ocho volteadores de palo, doce jugadores de pelota, y algunos indios e indias muy blancos, y otros enanos, y otros contrahechos. Y además de todo esto traía para ver, tigres, alcatraces, un *aiotochtli*, otra *tlacuoci*, animal que enseña o embolsa a sus hijos para comer» [9]. Hernán Cortés llegó a Toledo, ciudad en la que se aposentaba por aquellos días la corte del emperador Carlos. Repicaron todas las campanas, «llenó todo el reino de su nombre y todos lo querían ver», a él y a los afligidos invitados del otro lado del mar.

Las recuas de las *llamas* dibujan las crestas de los Andes con cansina cadencia. Mil y más cabezas forman la expedición de transporte, a cuatro arrobas cada una, que recorre con la coca a cuestas en unos cuatro meses la ruta

Cuzco-Potosí, ida y vuelta. Este animal cuellilargo «conforme a la condición blanda de los indios, mansos que cualquier niño los lleva donde quiere» [10], tiene una carne «mejor de las que hoy se comen en el mundo; es tierna, sana y sabrosa; la de sus corderos de cuatro, cinco meses mandan los médicos a los enfermos antes que gallinas ni pollos.» Morían en abundancia estos *huanacu* por el esfuerzo del viaje y servían al punto de sabroso viático a los guías. Lamenta el Inca Garcilaso el desperdicio de la escasa leche que estas especies andinas producen, y alaba de paso los quesos de Mallorca que llegaban con profusión al Perú desde los primeros años de la colonia y que eran sumamente estimados.

El otro morador de aquellas altas cumbres andinas es la *vicuña*, animal delicado y de pocas carnes cuya degustación se deja para los indios, quienes las cazan en «los desiertos más altos, cerca de la nieve... para atasajarlas», según dejó dicho el ilustre cronista mestizo Garcilaso.

La interpretacion de las formas y de los sabores

La revuelta del jefe Manco, dos años después de la fundación de Cuzco, presentó una novedad en la estrategia bélica de los incas tan efímera como inútil. El terror que a los sublevados le provocaban los caballos de los españoles no pudo ser conjurado por la advertencia de Atahualpa de que esos animales pifiantes eran tan normales como las ovejas de los Andes. Manco Inca es más agresivo: sus guerreros «traían consigo tigres y leones mansos y otros muchos animales fieros para poner espanto y temor en los cristianos» [11]. La estratagema no tuvo eficacia, porque a la sazón los españoles habían alterado bastante las sensaciones erróneas que sobre al comportamiento de ciertos animales autóctonos tenían en su época de novicios.

De entre las dieciocho especies de pelo y veinticinco de pluma que refiere en el *Sumario natural* Fernández de Oviedo, hay una que le arrastra a la perdición literaria por culpa de cierta vanidad mal disimulada. Es el tigre americano, dice, el más velocísimo de los animales terrestres. Describe su fiereza, superior a la del león real y termina pronosticando un rotundo fracaso a la tarea de domesticar un hermoso ejemplar que por aquellos días tienen enjaulado en alguna cuadra de la Corte, en Toledo. El Inca Garcilaso reconoce, por su parte, que los leones de su tierra, los *pumas*, ni son tan grandes ni se muestran tan fieros como los de Africa.

Los aprendices de la nueva fauna no emplearon el método de la fabulación, propio de viajeros en tránsito, para anonadar con su falsa sapiencia a quienes se dejan guiar hacia paraísos ignotos y falaces. Los españoles, de hecho y de palabra, sacrificaron la fantasmagoría en aras de la eficacia, porque «si hemos de juzgar de las especies de los animales por sus propiedades, son tan diversas que quererlas reducir a especies conocidas en Europa, será llamar al huevo castaña» [12]. Y el primer conocimiento provechoso ha de ser, sin duda, el referido a la posible ingestión del bicho...

Los más acabados repertorios de las especies animales americanas son los que suscribieron el alcaide Fernández de Oviedo y el jesuita José de Acosta, cuya *Historia natural* siguió el Inca Garcilaso de la Vega para redondear sus *Comentarios Reales*. El de Oviedo da su veredicto gastronómico, exaltado o comedido vituperio, según los casos, a las siguientes castas [13]: *gamos y ciervos*, «tan buenos o mejores que los de España»; *puercos*, «tienen el ombligo en medio del espinazo... y muy buen sabor»; *encubertados* (armadillos), «son mejores que cabritos y manjar sano; *perico ligero*, el animal «más torpe que se puede ver en el mundo..., ni he visto hasta ahora animal más feo ni que parezca ser más inútil que aqueste»; *cuervos marinos*, estas sardinas, las cuales a algunos saben bien..., a tres veces que comí de ellas las aborrecí»; *gallinas olorosas* (gallinazos), «son de muy mala carne y peor sabor»; *perdices*, «son muy excelente manjar, perdigándolas primero»; y *faisanes*, «muy buenos y excelentes en sabor».

El más completo tratado de zoología americana de la primera hora se encuentra en el libro XI de su *Historia General* [14] de fray Bernardino de Sahagún. Las minuciosas descripciones fisiológicas de un centenar de especies, nombradas todas en azteca, se añaden al método idóneo para su caza y a sus aplicaciones culinarias. El ensayista se deja llevar por sus aficiones literarias hasta el extremo de componer en el capítulo dedicado al *coyotl* una fábula digna de Esopo: un caminante encontró a un coyote que estaba siendo extrangulado por una serpiente *cincóalt*. — ¿A cuál de los dos ayudaré?—, se interrogó el hombre. Dio de palos a la sierpe y el coyote huyó. Al poco tiempo salió éste de entre unos maizales y entregó dos gallinas al caminante. Dos días después el coyote agradecido completó el obsequio de acción de gracias dejando en el corral de su salvador un hermoso gallo. El coyote es animal «que siente mucho y es muy recatado», concluye el fraile menor.

Especial atención pone él cuando describe el tenebroso reino de las serpientes, seres enigmáticos para quien es nacido en una llanura cuyo monstruo más temido es la vulgar culebra campestre. Las sierpes de dos cabezas, las que tienen cuernos como de ciervo, las barbadas, las que matan con sólo mirar a su enemigo... Ningún otro género animal es tan disforme como el de los bichos que se arrastran. Para completar con originalidad tan pavoroso cuadro fray Bernardino recurre a la serpiente *maçocóatl*, de cuya carne «comen quienes quieren tener potencia para tener cuenta con muchas mujeres.»

El abuso de ese remedio afrodisíaco obliga a los viciosos, según el fraile, a «tener siempre el miembro armado
y siempre despiden simiente y mueren de ello.» Idénticos efectos lascivos y perniciosos produce la carne del
caracol del mismo nombre.

Otro árbitro de las carnes americanas, aunque de menor compromiso, el reverendo Acosta, recoge el siguiente
género: *sayno*, «son de muy buena comida, pero es menester quitarlles aquel redondo que tienen en el ombligo
del espinazo; *puercos*, «se hacen muy escogidos perniles
en Toluca, de la Nueva España, y en Paris, del Pirú»;
dantas, «he comido de ellos, no me pareció cosa de precio»; *cuy* (conejillo de Indias), «los indios tienen por comida muy buena, y en sus sacrificios usaban frecuentísi-
mamente ofrecer estos cuyes»; *vicuñas*, «la carne no es
buena, aunque los indios la comen y hacen *cuharqui* o cecina de ella»; *pacos, carneros o llamas*, «la carne de éstos
es buena, aunque recia, la de sus corderos es de las mejores y más regaladas que se comen».

Esa despensa indígena se fundió temprano con la im-
portada desde Europa. Las vacas y los bueyes roturan las
tierras y aumentan la pitanza; las ovejas de España, *bur-
das y merinas*, dan más carne y mejor lana, y pagan con
su leche, según los más justicieros comentaristas, la sagrada deuda del maíz americano.

Gracias a madre naturaleza y a la bien probada fertilidad de las plantas y de los animales en tierras de América,
los colonos peruanos libraron sus haciendas de una muy
cierta perdición. A punto estuvieron de padecer la que
causa sin remedio la especulación en su grado de euforia,
según la teoría del profesor emérito de la Universidad de
Harvard John K. Galbraith. El mismo entusiasmo que in-
vadió a los holandeses hacia 1560 para adquirir cebolletas
de tulipanes a precios desorbitados, atacó a los colonos
del Perú para comprar lechones aún en el vientre de la be-

rraca: cien pesos por tostón, ciento veinte ducados al cambio legal en curso en 1562, según el Inca Garcilaso. Por entonces, un bulbo de tulipán *Semper Augustus* traído desde Constantinopla se cotizaba en la bolsa de Amsterdam a 3.000 florines, o sea, un millón de pesetas de las del final de nuestro siglo. El economista Galbraith ha demostrado que tales euforias preceden siempre a un cataclismo financiero. Se cumplió con los tulipanes el presagio, pero no con los cerdos del Perú. La explicación de aquella primera locura especulativa es que los españoles «con amor de su patria en el Nuevo Mundo en sus principios, como fuesen cosas llevadas de España no paraban en el precio para las comprar y criar, que les parecía que no podían vivir sin ellas» [15].

La fecundidad del ganado de cerda en Perú se atiene apenas a los límites naturales, y nuestro cronista invitado afirma haber visto una camada de dieciséis lechones, «gordos y lucios». Se salvó así el duro trance de la especulación y los optimistas obtuvieron también grandes beneficios del sector ovino, ya que las madres «paren de ordinario dos corderos y muchas a tres».

A dieciséis leguas de Cuzco, en la heredad conocida como Chinchapucyu, comenzó cuando mediaba el siglo XVI la gran invasión del conejo de campo. Cabe el honor por despiste a un indio de cuyo nombre no se acuerda el Inca Garcilaso. Transportaba aquél una pareja de gazapos propiedad del presbítero Andrés López. La hembra, preñada, encontró un agujero suficiente entre los palillos de la jaula y se echó a un monte de álamos. Allí alumbró la primera camada, y desde entonces los conejos «han multiplicado tanto que cubren la tierra».

En el negocio de la invención americana, estima el obispo franciscano de Yucatán Diego de Landa que «no han los indios perdido sino ganado mucho con la ida de la nación española», y que la prosperidad acababa de empezar cuando llegaba a su final el siglo XVI. Cortés había redactado también el inventario del reino animal mexicano y apreció sus abundantes vituallas, a la espera de que la cría del cerdo ibérico prosperase. Vinieron los Guanajes, aliados y amigos de las cercanas islas, con abundante ración de pescado y el Virrey *in pectore* ordenó se le dieran «unas puercas y un berraco que se hallaron en Trujillo y de los que traía de México, que hiciesen casta, porque le dijo un español que era buena tierra para multiplicar» [16]. Completan la apetitosa cazuela las carnes menudas del lugar, pajarillos comestibles, conejos, perdices y *gallipavos*. Fray Bernardino de Sahagún recoge asimismo en su *Historia General* algunas interesantes cualidades de la carne de las tórtolas o *cocotli*. Son aves, dice, que «no se casan más que una vez... y su carne es comida contra la tristeza. A las mujeres celosas danles a comer estas aves para que olviden los celos, y también a los hombres.» El famoso fraile del convento de Tlatelolco eligió como Tirso de Molina (otro clérigo experto en confesionario) el amor, la pasión, la lujuria y la longevidad como materias predilectas para demostrar sus dotes de buen observador del mundo en general y de los hombres en particular. Vivió él noventa años.

En concesión valerosa al exotismo, todos nuestros corresponsales aluden a los perros pequeños que los indios del hemisferio norteamericano crían para comer, castrados. Sahagún los distingue de cuatro pelos. Oviedo los llama *gozques*, que pasan a mejor vida «sin quejarse ni gemir.» Contraria emoción sintió Moctezuma cuando recibió puntual informe de sus delegados y dibujantes encargados de poner en imágenes desde sus atalayas a los recién llegados del mar y a los animales que traían. «Sus perros son enormes, de orejas ondulantes y aplastadas, de grandes lenguas colgantes — recoge el informe oficial del Códice Florentino —; tienen ojos que derraman fuego...».

La estampa de aquellos lebreles de Cortés hizo temblar a Moctezuma, «se le encogió el corazón, se le abatió en la angustia». Los animales domésticos europeos ganaron así la primera batalla frente al manso patrimonio genético del Nuevo Mundo.

Una desmedida apetencia de carnes de pocilga y de redil recorre los mercados ultramarinos de Norte a Sur y queda patente en los circunloquios del enviado especial del Monasterio de Guadalupe fray Diego de Ocaña. En el puerto de Paita tocan todos los navíos que vienen de Panamá y de México y en sus bodegas gimen, de camino al matadero, los borregos «de muy linda carne y sabrosa que se trae aquí desde Quito, y es mucho lo que se celebra el carnero» [17]. La pujanza ganadera se confirmó en México cuando en 1537 el rey ordenó la constitución de la *mesta*. De las mesetas centrales mexicanas se descolgaban hacia los pastos de las tierras bajas de Veracruz más de 200.000 ovejas; los rebaños trashumantes seguían por septiembre los caminos protegidos desde la región de Querétaro hasta la zona húmeda del lago de Chalapa.

La miel, en fin, es producto escaso, aunque la facilidad de su conservación y de su transporte y la elegancia que se le atribuye en la mesa la colocan frecuentemente en el menú de los viajeros y de los conquistadores. Las mejores colmenas americanas, servidas por dos castas de abejas tan mansas que ni pican, son las que cuidan con sabiduría secular los mayas yucatecos. Fernández de Oviedo no ahorra alabanzas a esa miel, «muy buena y sana, pues es morena casi como arrope» [18], y Sahagún deja constancia de las variedades *xicotli* y *pipiyoli*, que habitan casas en forma de alquitara.

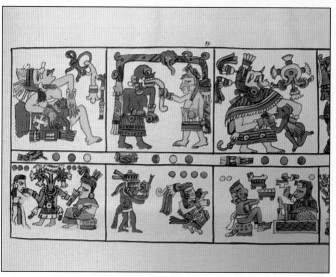

Deidades femeninas que cubren los Cuatro Tiempos de las épocas de Venus: de la Tierra, del Abismo, del Agua, de las Flores y de los Alimentos (Códice Vaticano-3774).

Antropofagia ritual, tras el sacrificio. Reparto de carne entre los señores principales ante Mic-tlantecutli, señor de los muertos (Códice Magliabechiano).

Fiesta de los difuntos, tititl: ante la figura del muerto, «cantaban, tañían y ofrendaban cacao y otros alimentos» (Códice Magliabechiano).

Ceremonias de enterramiento y duelo: suministro de cacauatl para la vida posterior (Códice Magliabechiano).

41

Poctegatl, uno de los cuatrocientos dioses del vino; y de los borrachos, «que lo tomaban como medicina» (Códice Magliabechiano).

Fiesta Pilavana, o de la borrachera de los niños: «fealdades y fornicios de indios ya grandecillos de nueve o diez años» (Códice Magliabechiano).

19

oçoztli.

Fiesta Tocoztli, a quien ofrecían copal y maíz. Había sacrificios y banquetes de tamales (Códice Magliabechiano).

22

Fiesta Ecalcoaliztli, o del maíz cocido, en honor de Quezalcoatl, en la que «los indios se sacrifica-
ban de sus naturas» (Códice Magliabechiano).

48.

Fundación de México: casas (xacalli) sobre el lago; piedra, cactus y águila como símbolos (Códice 1576 de León y Gama).

La larga marcha de los mexicas pasa aquí por la Casa del Viento (año 1223) y su manutención, por la caza de conejos (Códice Vaticano-3738).

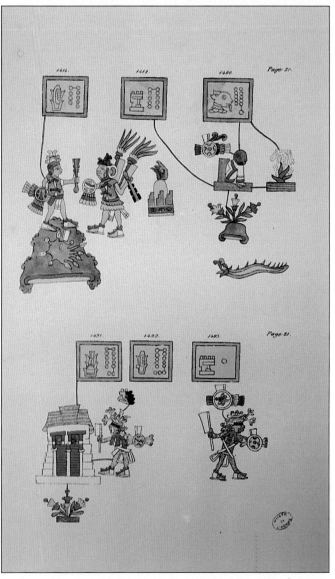

Crónica de conquistas mexicas desde el año 1487 hasta la llegada de Colón. 1489: hubo un grande eclipse de sol (Códice Vaticano-3738).

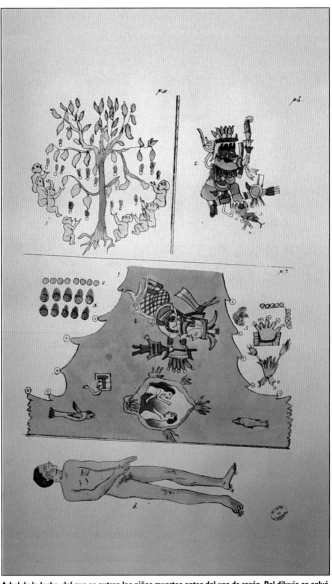

Arbol de la leche, del que se nutren los niños muertos antes del uso de razón. Del diluvio se salvó una pareja, origen de la humanidad (Códice Vaticano-3738).

Fiestas de mayo y junio: Tláloc, dios del agua; Tóxcatl, señor de la lluvia, y Tecuil Vitonti: comida y bebida abundantes (Códice Vaticano-3738).

Descripción de lugares (Cerro de pluma, Arbol negro...) y fechas en que gobiernan ciertos señores o deidades (Ocho Hierba, Diez Perro...). (Códice Vindobonensis o Mexicano-1).

Dioses de la lluvia, según los años y las cuatro secciones del Tonalàmatl, Libro de los Destinos (Códice Feyervary-Mayer).

Tratado maya de adivinación y de astronomía (Códice de Dresde).

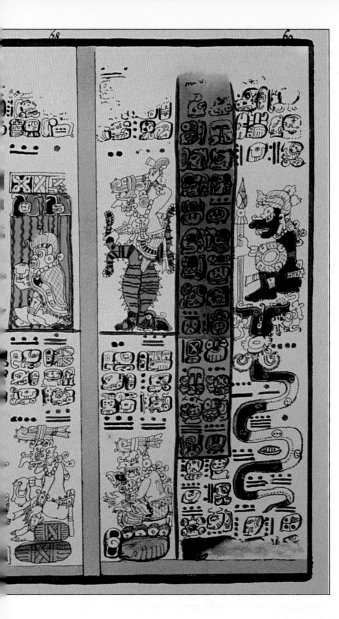

El dios de la Lluvia del Este. La figura de la planta de maíz indica que se trata del protector de una región fértil (Códice Vaticano-3774).

El dios de la Lluvia del Norte. La planta de maíz es atacada por roedores e insectos: cosecha mermada (Códice Vaticano-3774).

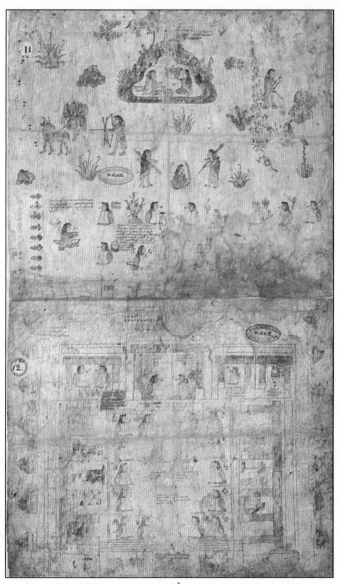

Descripción de la vida nómada de los chichimecas. Supervivencia cotidiana y organización social (Mapa Quinatzin).

Mantas, magüey, plumas, maíz y fríjoles forman este lote tributario de diez pueblos al señor azteca (Códice Mendoza).

El pulque, octli, que bebe esta pareja era la bebida nacional, y también ritual, de los aztecas (Códice de Aubín).

Detalle de la variedad de frutos, cacao, maíz, tubérculos, pulque... y plantas alucinógenas para el banquete (Códice de Aubín).

Señor azteca con los tradicionales signos de distinción: un ramo de flores y un cigarro humeante (Códice Ixtlilxóchitl).

Tláloc, dios de la Lluvia, asienta su reino sobre una nube y muestra sus atributos de dueño del rayo y del trueno (Códice Ixtlilxóchitl).

Fiesta Gacitocoztli: ofrenda de tamales, fríjoles y otros alimentos en el templo que los niños cubrían con hojas de maíz (Códice de Tudela).

Joven mexica, ataviada con la túnica huipillí, y sobre la cabeza un recipiente con frutos (Códice de Tudela).

Ek Chuah, dios azteca del comercio y del cacao, es el protagonista de esta escena de sacrificio ritual (Códice de Madrid).

Grabados procedentes de las colecciones de:

Museo de América. Madrid.
Biblioteca Nacional. París.
Biblioteca del Museo del Hombre. París.

(Fotos: Avelino Estévez.)

Mole de carnes en el mercado de Tlatelolco

Un estruendo mañanero hace temblar la plaza; las gentes se agitan, a la sombra del campanario del convento franciscano, en torno a una vieja cuyos ungüentos en venta han alcanzado fama local. Los indios de México se desviven por la farmacopea y su buen humor brota cuando las virtudes bien pregonadas de hojas y raíces exceden la más atrevida ocurrencia.

En Tlatelolco se expone al público una cabal muestra de minerales, vegetales y animales listos para el paladeo. Las tortillas de maíz aún calientes mezclan su perfume cereal con la blanca humareda del pescado asado y el picante de la carne fieramente tratada con ají. Venden allí «ciervos destazados o enteros, carneros cocidos en agua, carne de buey, laticornios, conejos, liebres, *tuzas*...» Los ciudadanos del imperio están tristes, porque el nuevo orden establecido les ha roto el pensamiento; pero el suministro de las tabernas no ha sufrido merma, según testimonios interesados, y «es de admirar que tanta mole de carne puede ser consumida y devorada por los ciudadanos».

La ley del trueque se aplica por igual a las viandas sumergidas en *chilmolli* y a los productos en fresco. Hay alcabala para el rey en especie o en grano de cacao, moneda de general aprecio. Se carece de sistema de pesas, y sólo la longitud y el volumen tienen unidades a disposición del público. Cuando el trato no permite su aplicación, se usa el ojo del buen cubero y la transacción es automática y controlada: «éste da un gallipavo por un haz de maíz; otro da mantas por sal... Y en una casa desde donde todos los ven, hay doce hombres ancianos, como en judicatura, librando pleitos» [19].

Ese *gallipavo* gritón y desafinado en la plaza de Tlatelolco es, sin vacilación, el mejor regalo viviente de las

Américas al resto del mundo. Los amos de aquella fauna
solían colocarlo en las mesas en día festivo, mientras sus
sacerdotes se desmayaban por el rigor de sus ayunos. La
referencia pertenece al cura López de Gómara, quien coloca muy voluntarioso a los señores y a sus convidados
forasteros sentados en el patio del templo, cuyos ídolos
sahumados podían contemplar «la comida muy abastecida de toda clase de viandas, mucha caza y volatería;
pues solamente de *gallipavos* se comían a placer mil y mil
quinientos.» La exuberancia puede tomar bellísimas fórmulas aritméticas.

Desde los primeros banquetes intercontinentales, también los españoles concedieron el crédito de su paladar al
ave altanera de grandes barbas o papadas, esos *gallipavos*
«que se mudan de muchos colores, a los que llamé así por
cuanto tiene mucho de pavón y mucho de gallo.» Benzoni prefiere nombrarle *gallina de Indias*, aunque sólo se
crían en el «Paraíso de Mahoma..., o sea, Guatemala,
Honduras, México y toda la zona costera» [20]. El Paraíso
Islámico es la región del universo mejor abastecida.

Bautizado que ha sido el bicho amigo del mucho engullir y más vocear, comienza su ruidoso periplo aquende
los mares. El pavo de Nueva España pasa a las islas, a la
Castilla del Oro y finalmente a la metrópoli peninsular,
para «criarse domésticamente en poder de los cristianos...
Las hembras son feas y los machos hermosos». El criterio
estético sobre el pavo del alcaide de Santo Domingo tuvo
inmediata comprobación en los palacios y jardines del
viejo continente.

Mas el ansia de beneficio superaría pronto al de la exhibición del animal que es paradigma de arrogancia inútil.
Su carne llega a las cazuelas palaciegas primero y después
a las de la Santa Madre Iglesia. Se ha demostrado que la
concentración de novicios en los seminarios europeos de
jesuitas no habría sido factible sin esa membruda carne de

pavo capaz de alimentar a los compactos ejércitos de obediencia vaticana. Únicamente la patata mostró parecido grado de eficacia para nutrir multitudes. Los irlandeses comprenden que salvó a su país de la más negra de las miserias y, sin la patata, el comercio de esclavos hubiera dado menos ganancias; así lo estimaban los profesionales ingleses, particularmente competentes en esa vergonzante contratación.

La leyenda de la iguana buena

La iguana es un animal de género ambiguo, cuya principal ventaja para cristianos es la de poder servir de alimento perpetuo aun sin gozar de bula pontificia: si no es ni carne ni pescado, puede ingresar sin pecado en la olla de carnestolendas, y también realzar con decoro el banquete del martes de carnaval. «Porque andan en el agua sálense a tierra, y súbense en árboles que están en la orilla del agua..., su vista es bien asquerosa» [21]. Loado sea el Creador que permite tales portentos y su vicario en la Tierra que consiente la libre exégesis de la Biblia, cuando el libro sagrado no contiene la pauta definitiva.

Los primeros biógrafos de las iguanas emplearon toda su saña literaria para desmejorar su imagen. Las razones exhibidas son sólo aparentes, porque a esa censura de formas les movía siempre su deseo de asustar a quienes leyeran su narración sin posibilidades de examinar el modelo original. La invención de América, de sus moradores y de sus bienes muebles e inmuebles fue la última gran fantasía servida a esta humanidad en tránsito. De no ser la iguana de natural bueno, debería responder a esas patrañas con su enemistad perpetua; «estos animales —reprocha López de Gómara [22]— asustan a quien los mira, aunque los conozca (?), tan fiera catadura tienen. Engordan mucho re-

fregándose la barriga con arena, que es un nuevo secreto.»

Ni la ganga de su crianza ni la utilidad de su carne en
todo tiempo litúrgico, la cual «sólo es perjudicial para los
bubosos», libran a la inocente iguana del desprecio figu-
rativo. Más respeto merece el pez llamado *manatí*, cuya
reproducción en el agua, aunque sea mamífero, abre a los
cronistas nuevas puertas a la imaginería genética. «Tienen
para ello sus miembros como hombre y mujer —informa
con mesura el prelado de Yucatán Diego de Landa. Tienen dos alas como brazos fuertes con que nadan, el rostro
tiene harto semejanza al buey..., los suelen picar los murciélagos en una jeta redonda y llana que tienen... y mueren de ello porque son muy sanguíneos a maravilla y de
cualquier herida se desangran con el agua» [23]. También el
manatí, habitante predilecto de las costas de Campeche,
es apto para ser comido en carnaval y cuaresma, y sus
cualidades gastronómicas son alabadas porque «es pesca
de mucha recreación y provecho».

El obispo Landa usó de su ingenio para descifrar los
primeros jeroglíficos mayas, de su intransigencia para
destruir centenares de estelas por razón de idolatría y de
su biblioteca para redactar uno de los más completos glo-
sarios americanos del primer siglo de la conquista. No
hay razón para suponer que los peces del océano son
idénticos en las costas de ambos mundos, por lo cual el
catálogo es de sencilla factura: robalos, sardinas, caballas,
majorras; pulpos, tollos, rayas y lisas..., «que se llevan a
veinte y treinta leguas a vender, y para comerlo tórnanlo
aguisar, y es sabroso y sano.» En las ciénagas de Yucatán
se cosecha la sal de Nueva España; la pesca pasa directa-
mente a salmuera y los mercados se aprovisionan de esos
frutos marinos.

La pesca del tiburón dio excelentes resultados en
cuanto los marineros que poblaron las primeras carabelas

se percataron de que el riesgo de su captura era inferior al rendimiento alimenticio de su lomo. El siguiente episodio de la armada de Cortés, que navega pegada a las costas de Yucatán como husmeando la presa, certifica la pérdida del miedo al monstruo. En una punta de la isla de las Mujeres, la tripulación de uno de los navíos cobró esta pieza con obsequio suplementario, un tiburón de enormes proporciones que fue despedazado en el agua para poder ser izado al barco. «Le hallaron dentro más de quinientas raciones de tocino... También se halló dentro de su buche un plato de estaño que se cayó de la nao de Pedro Albarado y tres zapatos desechados, además de un queso» [24]. Aquel almacén flotante se explica por lo tragón que es el pez, cuyo buche disforme tiene como antesala dos filas de dientes que «parecen sierra o almenas». La descripción fisiológica acelera la fantasía cuando se le adjudican, como parece ser regla, «al macho dos miembros para engendrar y a la hembra no más uno... Es pescado que acomete a una vaca y a un caballo cuando pace o bebe a la orilla de los ríos». El origen marino de los monstruos más temidos, buenos o malos, seguía gozando de gran predicamento.

Frente a los farallones de Cañete, coronados por la vereda que va de Lima a Pisco, sitúa el inspector de monasterios fray Diego de Ocaña la isla de los Osos marinos, «un pescado que aúlla propiamente como un lobo». La orografía agreste y la sonoridad oceánica son apropiadas para colocar allí el infierno mismo. Los feroces moradores marinos de aquella costa sirvieron a la cólera de Dios cuando «un mal clérigo arrojó al mar a una hermana suya con quien carnalmente trataba» [25]. La mujer fue engullida por los espantosos peces en la misma base del precipicio y la justicia divina fue sólo parcialmente restablecida.

En la relación de la primera vuelta al globo que Pigafeta entregó a Carlos I nada más volver a España, las va-

cas de mar, los pingüinos y los lobos marinos pueblan la
tierra de los patagones con el sosiego que otorga convivir
con gigantes a dos pasos del Polo Antártico. No pasaron
inadvertidos por aquellos parajes los barcos de Magallanes, que la búsqueda de un estrecho de tanta alcurnia geográfica debió exigir gran abnegación. Hace la reseña el
italiano, vividor y servidor antiguo del nuncio en Castilla
Chiricati, de esos gansos (leones marinos) y lobos negros
que holgazaneaban en la isla de los Pingüinos, de los cuales «en una hora hicimos una abundante provisión para la
tripulación de los cinco navíos» [26]. Fue esa la principal vi-
tualla antártica para la travesía del Pacífico.

*Discurso de la lengua americana. Primer informe para la
Academia .*

El más impetuoso vendaval que sopló sobre la lengua
española cuando apenas Nebrija había acabado de redactar su *Gramática* llegó de las Indias recién reveladas. La
exhibición en la Península de las primicias ultramarinas
corrió paralela a la recensión de los oportunos vocablos
indígenas. La naturaleza y el verbo llegaron de consuno.
  La violencia con que se representó aquel drama histórico, el del choque entre dos mundos, coadyuvó sobremanera a la interpenetración lingüística. Hernán Cortés
estaba obsesionado por reclutar intérpretes, y nunca llegó
a explicarse cómo el habilidoso Colón se había dejado
embaucar por alguien que pretendió hacer de traductor
en Indias hablando tan sólo griego y arameo... Los servi-
dores más apreciados de aquella gesta, la más importante
de la historia del mundo después del nacimiento de Jesucristo según López de Gómara, debían de ser los *lenguas,
trujamanes y farautes.*
  Las dos primeras palabras españolas que germinaron al

otro lado del Atlántico, según la crónica del Almirante, fueron jubón y camisa; los indios de La Española las repetían cuando Colón llegó de vuelta desde España y encontró arrasado el fuerte de Navidad. Los primeros vocablos que hicieron el viaje inverso fueron los que denominaban animales o plantas. El encuentro de las lenguas tiene su primera declaración en el *Diario* del Almirante (*cazabi, axí, camina, caníbal...*). El honor del primer reconocimiento oficial le cabe a la palabra *canoa*, recogida en el vocabulario español elaborado por Nebrija en 1493.

Más de medio millar de palabras americanas ingresan en el castellano apadrinadas por Fernández de Oviedo en su *Historia*; tres de cada cinco se refieren a los reinos animal y vegetal. Los autores se apuntan a las tendencias progresistas o culteranas, según su leal entender, y defienden con ardor una de las dos teorías lingüísticas al uso: abrir a la invasión de par en par las puertas del castellano o bautizar con términos existentes las ignotas razas de animales y las nuevas especies de plantas.

La batalla causa gran estruendo y mucha confusión. Los zoòlogos, tan amantes de la precisión y de la culta latiniparla, emplearán tres siglos en ordenar el caos lingüístico de las primeras décadas hispanoamericanas. Pedro Mártir logró forzar su verbo latino para servir con limpieza en Europa las palabras *maguey, mamey, maíz, manatí, yuca* y una decena más. Fernández de Oviedo pone el grito en el cielo porque hay quienes se atreven a usar tigre por *ochi*, o danta por *beorí*. Pero en honor de quienes deben entender sus escritos, él llama lagarto al *caimán*, cuervo al *zopilote*, león al *puma* y pimiento al *ají*.

La tesis definitiva queda recogida en la nota perspicaz del jesuita Acosta, cuando trata de distinguir entre lo que en las Indias había antes de la llegada de los españoles y lo que éstos han acarreado al Nuevo Continente: «de donde les vino la cosa, como no la conocían (los indios), tomaron el vocablo de ella. Esta regla he hallado buena, para discernir qué cosas tuviesen los indios antes de venir los españoles, y qué cosas no»[27], Tal es la ley que se impuso a la larga.

La Casa de Contratación utilizó con fluidez mercantil los neologismos ultramarinos, y en las relaciones dirigidas a los Reyes el flujo de los mismos es torrencial durante el primer siglo de la colonia. Los grandes literatos acogen a las recién llegadas sin remordimiento. Lope de Vega las aloja con fruición en sus versos y en sus textos dramáticos. Cervantes usa el cacao por escrito antes de saborearlo en taza. Quevedo y Góngora se ponen al fin de acuerdo en algo: el uso de los vocablos americanos no debe espantar, practíquese por exotismo o por afán de precisión. Maduró el diccionario bajo el sol de los trópicos.

Segunda parte

LA LOCURA DE LOS DIOSES

SOBRE LOS ARENALES DE LURIN, el sol entró al atardecer en una mujer que recogía raíces. Estaba ella en cuclillas cuando las nubes se apartaron y el rayo calentó su cuerpo. Pachacamac, hijo del *Inti*, esperó impaciente la hora del parto; arrebató a la mujer el recién nacido, lo descuartizó y sembró con él todas las tierras del mundo. Brotó el maíz de los dientes del desdichado hijo del sol y nació la yuca de sus costillas.

—Me moriré, suspiró la madre de Mani al percatarse de que había engendrado sin perder su virginidad. Y así aconteciò. —Me moriré, avisó Mani un año después de haber sido alumbrado. Y así pasó. Su abuelo, jefe de la tribu, sacó poco después de la sepultura de Mani una raíz que parecía el muslo de un hombre. La ralló con una piedra, hizo harina y dio de comer a todos del nuevo pan. La raíz se llama *mani oca*, casa de Mani, y por tal nombre se la conoce en toda la cuenca del caudaloso Amazonas.

*EN LA LAGUNA DE TIKAL, DIOS GUIABA CON GRAN SA-
BIDURÍA SU BARCA* repleta de serpientes y cocodrilos
cuando decidió modelar con barro a los primeros hombres. Pero se desmoronaron pronto, porque nacieron sin
fuerza. Hizo Dios luego unas estatuillas de madera a las
que infundió vida; mas aquellas criaturas no tenían sangre
y no consiguieron hablar ni con él ni con los otros tripulantes de su canoa. Tomó Dios entonces una masa de
maíz y fabricó el primer hombre y la primera mujer. Para
que sólo pudieran ver hasta el horizonte, sopló una ne-
blina en sus ojos e impidió que lograran divisar el final
del mundo.

— ¿Qué comerán los hombres, oh dioses?

¡Que descienda el maíz, nuestro sustento!

Hacían penitencia los dioses desde que *Quezalcóatl* se
había sangrado su miembro en un barreño. Buscaba el lugar en donde el maíz crecía, pues nada tenían de qué comer los hombres y los dioses. *Quezalcóatl* se encontró
con una hormiga roja que regresaba del Monte de nuestro
sustento con un grano de maíz. La hormiga no quiso re-
velarle el camino del Monte, así que el dios supremo, el
Dueño del Cerca y del Junto, se transformó en hormiga
negra. La hormiga roja le guió hasta la orilla del Monte y
él sacó de allí bastantes granos de maíz. Los llevó hasta
Tomoanchán.

Allí abundantemente comieron los dioses,
después en nuestros labios puso el maíz *Quezalcóatl*,
para que nos hiciéramos fuertes [1].

*LOS TLALOQUES, DIOSES QUE CONOCEN LA MANSIÓN
DE LA LLUVIA*, pusieron en práctica una astuta estratagema para robar el maíz y entregarlo a los hombres. Fue
Nanáhuatl quien lanzó el rayo que amedrentó a *Oxo-
moco* y a *Cipaltónal*. Los *tlaloques* azules, blancos, amarillos y rojos se lanzaron a la conquista del maíz blanco y

del oscuro. Y en la fiesta del *dze-yax-kin*, cuando las cañas del maíz se doblan en madura reverencia, todos cantan el Himno de *Xippe Totec*:

> La noche se embriaga aquí.
> ¿Por qué has de usar desdeño?
> Inmola tu cuerpo, víste el ajuar de oro.
> Mi dios se cubre de acuosas esmeraldas;
> soy el tierno retoño del Maíz[2].

NUNCA LLUEVE EN EL VALLE DE CHILCHA. Ni ríos, ni
arroyos, ni acequias cruzan aquellas tierras. Los sacerdotes del templo que las preside, habitado por muchas mujeres vírgenes, hicieron ídolos de oro y revelaron a los indios que adoran a Pachacama el misterio de la siembra del
maíz. El Gran Inca toma arado de oro para quebrar la tierra. Traen luego del mar cantidades ingentes de sardinas,
cuyas cabezas, orladas por el rocío de la mañana, ponen
junto a los granos del maíz: una cabeza y una semilla en
el mismo hoyo. *Runa Camac*, creador del hombre, hacedor de los que comen, manda la lluvia a otros lugares,
nunca al valle de Chilca. Pero el maíz brota allí frondoso
y sus granos tiernos de *nichica sara* son la primicia de la
cosecha, que es ofrecida a Pachacama en recipiente de oro
cuando el sol alarga su carrera.

La recolección será abundante si el granizo no sale de
su cueva y la luna se regocija, después de pasear por la
sierra, comiendo las tortas de maíz que los labradores le
sirven a la puerta de sus casas.

Hasta la corriente del río bajó la vieja para lavar su
cuerpo doliente, cubierto con harina de maíz. El diablo
malo no se espanta desde hace muchas noches; ella le
arroja sin cesar mazorcas y él se ríe detrás de las tinieblas. Quebrará las ollas para que no se acabe el maíz y
echará un puñado de granos en el suelo: si uno solo

queda enhiesto, *Umi Tallama*, señora rica en ganados y amiga del mucho dormir, sabrá que ha de morir antes del alba.

UN DIOS DE CUYO LINAJE NO SE TIENE CERTEZA creó el mundo lanzando con gran fortaleza una pelota contra las aguas frías de un pozo. La pelota emergió y el dios ignoto la sostiene en su mano derecha desde entonces. Cuando él se entrega a la práctica del amor y descuida su compromiso universal la tierra tiembla, se elevan los maremotos y los hombres lloran.

Un cacique logró alcanzar a nado la isla de Chiloé durante la gran tempestad para arrancar a las rocas el misterio del amor entre los dioses. Un lagarto gigante que lanzaba fuego por la boca le amedrentó y los dioses hundieron al hombre bajo la tierra negra de la isla. Tal fue el precio de la indiscreción del cacique; su cuerpo se cubrió de ojos negros y fue condenado a servir de comida para los demás hombres.

La diosa *Chaupiñanca* se jacta de ser la única madre de todos los hombres. —Yo soy la que creó a los hombres, decía. Desde el santuario de *Pachamama* replica a tanta arrogancia la deidad de cuyas tetas manan los dos grandes ríos que nutren las acequias del valle de Virú. Las papas y el maíz de las chacras beben ese agua y *Pachamama* atestigua de ese modo que gracias a ella comenzó la maduración del mundo.

Los alfareros tienen el compromiso divino de hacer regresar al barro el molde de los frutos, de los animales y de los hombres. Deben acatar las formas naturales sin atreverse a modelar otras nuevas que pondrían en grave peligro el orden del cosmos.

Armonía en el Universo de los Tres Planetas

Aquel choque entre dos continentes, cuyo estruendo es sólo comparable al que resultaría de un terremoto a similar escala geográfica, estuvo desgobernado por la ambición, por el espanto y por una admirable colección de códigos irracionales. Quizás también intervinieron en la anarquía los dogmas religiosos de cada uno de los contendientes. Los españoles jamás hubieran sospechado que sus fieros caballos tendrían ventajas sobresalientes frente a la infantería de los flecheros del Nuevo Mundo, cuando ya el animal había perdido servicio en las urbanas guerras de Italia o de Flandes. Los hombres de maíz nunca desconfiaron de la clemencia de sus dioses de carne, mientras les brindaran con puntualidad la de sus enemigos.

Los invasores, fieles creyentes de una civilización-macho, combatían para alcanzar cuanto antes El Dorado. Su fe justificó sobre el terreno los aberrantes procedimientos empleados para someter o aniquilar. Ellos tenían el convencimiento de existir en medio de un mundo lleno y fueron capaces de precipitarlo en la demencia con tal de poseerlo. Sus enemigos se dejaban embaucar por los maestros de «la tinta roja y la tinta negra», los fabricantes de la naturaleza en pintura, eficaz método de homologación social. Cuando supieron que los españoles proyectaban abrir un canal a lo largo del río Chagres, para unir los dos grandes océanos, sintieron en sus tobillos las cadenas de la esclavitud.

Los sacerdotes de Tula sabían calcular los movimientos rítmicos de los astros, pero no poseían la regla para medir la locura humana... El relato divino explica el origen del tiempo, el de los hombres; aparenta, además, conocer el final. Cuando los dioses estaban inactivos, el vacío rodeaba el universo. Luego, el tiempo se agitó, comenzó la cuenta del calendario y también la historia del mundo.

Moctezuma se afligió en grado sumo cuando escuchó
los augurios sagrados, el anuncio del paso de un cometa y
la simultánea llegada de misteriosos seres barbudos sali-
dos del mar. Abandonaron los sacerdotes sus pericias
acerca de los eclipses, los solsticios y los almanaques para
entregarse en cuerpo y espíritu a prevenir la invasión; que
quien posee el tiempo es dueño del destino.

Ordenó el Gran Azteca a sus súbditos subir a los árboles más altos para ser él avisado prontamente de la venida
de tales seres, hombres o dioses, cuyos vestidos sólo dejaban contemplar sus manos y sus rostros. Este fue el informe oral que le hizo uno de sus espías, recibido con
aprensión en Tecnoctitlán: —He visto una gran casa flo-
tando en el océano, de la cual salen hombres de blanco
rostro y blancas manos, cubiertos con luengos vestidos y
tocados con grandes sombreros redondos. Hablan a gri-
tos una lengua desconocida y cuando se disponen al viaje
se asientan en lo alto de un animal, alto cual montaña, y a
él se funden para pelear.

La conjunción del Sol, de la Luna y de Venus le fue co-
municada al Ynga Atagualpa, hijo bastardo de Huayna
Capac, en el sagrado templo y fortaleza de Sacsahuaman,
cuando ya los guerreros de Castilla habían saltado a tierras del Tahuantisuyo. Un testigo afirmó que aquellos hijos del mar venían por todos los pueblos conquistando y
los indios se rendían casi sin pelea porque el hombre y el
caballo que montaba eran todo uno y, sacando el animal
la cola, a todos mataba.

Estética del caballo como arma de guerra

La velocidad cabal para conquistar un imperio es la de
un caballo al galope. Los indios caen al suelo a causa del
estruendo y porque temen el resplandor de la espada, in-

dicios ciertos de que el cielo se desintegra entre rayos y truenos mientras Quezalcóatl regresa de un largo viaje con su tempo a cuestas[3].

Oyó misa muy sereno *Teudilli*, capitán y embajador de Moctezuma, y después se sentó a la mesa de Cortés. Este le conminó a que remitiera al Gran Azteca un mensaje exigiéndole oro, «pues tenemos yo y mis compañeros mal de corazón, enfermedad que sana con ello». La demanda iba avalada por el dibujo de los caballos y de los hombres armados que montaban aquella temible máquina de guerra.

Llegaron poco después los españoles a Tenoctitlán y se admiraron mucho al ver la muchedumbre que poblaba la capital del Imperio. Mayor fue la sorpresa de aquellos hombres y mujeres al ver la artillería, los caballos y los trajes de los españoles. Dio de comer Moctezuma a Cortés y a los recién llegados y después les habló así[4]:

—Señor y caballeros míos, mucho me alegra tener hombres como vosotros en mi casa y reino... Si hasta aquí os rogaba que no entráseis acá, era porque los míos tenían grandísimo miedo de veros, pues espantábais la gente con vuestras barbas fieras, y que traíais unos animales que se tragaban a los hombres, y que como veníais del cielo bajábais de allá rayos, relámpagos y truenos, con que hacíais temblar la tierra... Como yo ahora conozco que sois hombres mortales... y he visto los caballos que son como ciervos, y los tiros que parecen cerbatanas, tengo por burla y mentira lo que me decían.

El espanto con fundamento sobrenatural muy raramente desaparece con un discurso de razón. A veces el miedo sólo puede ser vencido por un conjuro. Más competente que el jefe azteca se mostró Atahualpa en la plática a sus capitanes en circunstancia semejante, cuando las mesnadas de Pizarro se aposentaban ya en las mejores casas de la Plaza Mayor de Cajamarca[5]:

—Ninguna cosa podrá suceder que baste a estorbar que yo mate y aprehenda a los cristianos. Para que ninguno de ellos huya y escape de ser muerto o preso, entraremos en la plaza armados secretamente, cercaremos sus aposentos y los cogeremos descuidados en el intento. ¿Por qué hemos de temer, si sus caballos yo los he visto y no comen hombres? Sobre la borla de mi corona ha lanzado sus bufidos uno de esos animales, que es gran afrenta para mi causa. De ellos hemos de hacer solemne sacrificio.

Los libros de los siglos y de los años, los tratados de los días y de las fiestas, los códigos de los sueños y de los presagios nada atestiguaban sobre el modo de ahogar la perfidia de los hombres que no creen en el mismo Dios. Canek, jefe maya de la gran isla que circunda el lago Petén Itzá, ofreció durante varias lunas carne y flores a un caballo herido que le regaló Hernán Cortés. El conquistador atravesaba en 1525 aquella región desde Tabasco a Honduras, seguido por 140 soldados españoles, 3.000 indios y una gran manada de cerdos; uno de los caballos de los 150 en expedición se hundió hasta las ancas en un pantano, y aunque fue salvado, se malogró. Aquel jaco ascendió a los altares mayas: en postura sedente y convertido en piedra de ídolo fue encontrado noventa años después de su canonización por los misioneros franciscanos Urbita y Fuensalida. El primero se dejó llevar por la cólera de Dios y destrozó la estatua ecuestre a porrazos, con una gruesa piedra a modo de martillo de paganía.

Y dijo el tirano Lope de Aguirre: «¿crees tú, oh Dios, que porque llueva, no voy yo a llegar al Perú para destruir el mundo?».

7. Una bebida que alegra el corazón: el cacao y sus derivados

Un bajel español a punto de ser capturado por un barco de la armada holandesa arrojó por la borda su cargamento de cacao ante la costa de Ostende en 1585, para evitar que cayera en manos del enemigo. Ese mismo año, un corsario inglés quemó en el puerto de Guatulco (Nueva España) más de cien mil cargas de cacao acomodados en la estiba de varios barcos españoles que esperaban la señal para zarpar. El bajel hundido en mares de Flandes logró ocultar el secreto comercio de aquellas almendras misteriosas, y su capitán, que fue capturado, declaró con aplomo a los holandeses que se trataba de cagarrutas de cabra. El corsario de Su Majestad ni siquiera se interesó por la mercancía.

Para satisfacer al príncipe, Maquiavelo había recomendado la fórmula, casi nada maquiavélica, de regalarle joyas, caballos o quizás mujeres, atendiendo su predilección y deseos. A la búsqueda de los favores, debía preceder un plazo para investigar el desenfreno oculto del soberano. Esa regla política era ya practicada por los nobles aztecas, si nos atenemos a las versión moral que de la conquista de aquel imperio redactó Hernán Cortés: diez mil pies de cacao plantaron por encargo de Moctezuma los labriegos de la provincia de Malinaltebeque, «fruta aquella como almendras que ellos venden molida, y tiénenla en tanto, que se trata por monedas en toda la tierra y con ella se compran todas las cosas necesarias en los mercados y en otras partes» [1]. El cacaotal respondió a un perentorio capricho manifestado por Cortés a sus atentos huéspedes.

Cuando el gran orador, Moctezuma, volvía de un día de caza, bajo estrecha vigilancia aunque contento y parlanchín, ofreció cálido *chocollatl* en taza de plata a sus gendarmes españoles para pagar esas pocas horas de libertad condicional. Los convidados percibieron los sanos efectos reparadores de la mezcla de aquellas almendras con canela, pimienta y *ajonjolí* y propalaron la sospecha de que el jefe azteca tomaba el brebaje para fortalecer su viril rendimiento ante las múltiples esposas a las que debía hacer honor. A Francisco Hernández, protomédico de las Indias, le contaron que en el palacio de Tépac, el mentado Moctezuma llegó a tener más de ciento cincuenta concubinas embarazadas al mismo tiempo; el cronista hace patente una punta de escepticismo y aclara que «puesto que a esos hijos nos les pertenecería la herencia, en gran parte se esforzaban ellas en abortar» [2].

El primer indicio europeo de esa semilla rojiza y mantecosa tiene fecha del 22 de diciembre de 1492. Esperaba bonanza el Almirante para dar velas y ganar las islas mayores que, según declaración local mal traducida, «tenían mucho oro, y algunas más oro que tierra.» Los jefes indios de la isla de Santo Tomás reverenciaban a Colón, todavía creían en el origen divino de las carabelas y de los marineros y se tenían por bienaventurados al ofrecerles

un grano que echaban en una escudilla de agua; bebíanla
todos y decían que «era cosa sanísima» [3]. A punto estuvo
ese día Colón de romper uno de sus muchos prejuicios de
marino: zarpar en domingo. Ese día lo era, sus marineros
le conminaron a avanzar hacia las fuentes del oro y sólo
la falta de viento evitó que el Almirante dejara de acatar
su propia superstición dominical, suficiente para ponerle
a salvo de toda sospecha de judaísmo.

Acerca del deleite, gusto y consistencia alimenticia del
cacao hay una gran división de opiniones en esos primeros tanteos del noviazgo entre los dos mundos. Tiempos
llegarían en que reyes y canónigos, monjas y cortesanas,
serían adeptos sin mesura al fino derivado negro, el chocolate, cuyo culto merecería más tarde la bendición apos-
tólica. Pero ni siquiera el italiano Benzoni, agente de pesquisa por cuenta del Vaticano y de otras potestades
terrenas, se percató de ello y dejó dicho que ese agua-
chirle de almendras descascarilladas no podía ser ni
bueno y placentero, que «más parece mezcolanza para
cerdos que bebida de hombre» [4]. De escaso aval puede ser
una bebida que mete en el cuerpo maldades como las que
se expresan en el siguiente baile caribeño: «unos giran de
una manera y otros de otra. Unos levantan las piernas y
otros mueven los brazos; uno se hace el ciego, el otro el
cojo, ríen, lloran, y así con muchos gestos, bebiendo
siempre de su cacao, bailan durante todo el día y a veces
parte de la noche».

Por tierras del Yucatán, en donde los hombres hurtaron a los dioses el arcano de su alimento predilecto, el cacao, andaba entonces el fraile menor Toribio de Benavente haciendo acopio de datos para su *Historia de los
indios de la Nueva España*. Sentencia el fraile que la bebida confeccionada con cacao es «buena y tiénese por
muy sustanciosa» [5]. En el punto clave de la objetividad
narrativa, o sea, en el de la contradicción rotunda, se co-

moda mal el jesuita Acosta; rara solución en él, pero muy acorde con la opinión pública sobre ese brebaje, causa de gran superstición, «que es cosa loca lo que en aquella tierra lo aprecian y algunos que no están hechos a él le hacen ascos, porque tiene una espuma arriba y un borbollón como de heces...». Es bien sabido sin embargo que, en lo tocante a la cocina, el tiempo y el amor todo lo arreglan.

Dictamen facultativo sobre el chocolate, y su leyenda.

El preguntador de *Chilam Balam* obsequió a su padre con cuatro pájaros «cardenales» que están en la puerta de la cueva, según dejó escrito el cronista de Chumayel. Uno levantará su penacho y el otro se pegará a la boca; el penacho es la espuma del chocolate, el cacao molido ciega el paladar[6]. La leyenda de ese fruto y de sus derivados picantes y alcohólicos recorren asimismo los romances aztecas desde los tiempos en que los moradores de Tula eran ricos y felices porque gozaban con la exuberancia de sus cacaotales. Quezalcóatl reinaba en Tula y la felicidad de sus súbditos llegaba al punto de no tener que pintar los colores, pues aquella tierra producía algodón rojo, amarillo, morado, verdeazulado...

El príncipe Moctezuma enderezaba con todos ellos los corazones de sus súbditos. Caen hechas lluvia las plumas, se pintan con ellas los solios de los dioses, ya el llanto no escurre las lágrimas y yo,

> bebo cacao:
> con ello me alegro,
> mi corazón goza,
> mi corazón es feliz[7].

En el final del tiempo antiguo, cuando el universo tenía

cuatro soles y esperaba su destrucción para ser creado
por quinta vez, los hombres mayas y aztecas se cubrían
los rostros con aquel maquillaje dorado, la pasta del cacao
recién molido, y comían aquella máscara, con la ayuda de
los dedos. Combaten el hambre y la sed y se guardan de
los rayos del sol simultáneamente. Dicen los indios que
«quien ha bebido el cacao en ayunas, que aunque aquel
día le pique alguna víbora... que ningún peligro de muerte
corre»[8].

Con rigor de científico emancipado y altivez de sabio
sevillano, el doctor Juan de Cárdenas zanja la polémica
acerca de la naturaleza y cualidades del cacao haciendo
recurso también a la víbora. Es perverso, según dice, ese
fruto crudo y comido sin mezcla, pero el chocolate «hace
grandísimo provecho en todo; y en esto comparan el cacao a la víbora, que ella de por sí sola es veneno mortí-
fero, pero mezclada con sanctas y cordiales medicinas es
reparo y contrayerba»[9]. Los ignorantes galenos de la metrópoli, con tal de zaherir a quienes pasaban el mar para
entregarse a investigaciones no controladas, censuraban
por aquellos días la fatal bebida, y aun aconsejaban a la
Inquisición que se prohibiera también en el Nuevo
Mundo de las Indias porque tenía reputación de sulfu-
roso afrodisíaco. El doctor de Cárdenas aconseja empero
a sus cofrades esfuerzo para escudriñar la verdad, pues si
se sabe «usar cómodamente, es mantenimiento admirable». Aquella sustancia «blanda, lenitiva y amorosa», in-
venciòn de damas guatemaltecas sensibles al calenta-
miento del cuerpo a golpe de especias, «exercita mucho»
a un mozo o a una moza atestada de sangre. La irritación
del galeno de Sevilla no se contiene cuando da cuenta de
las mil y una fórmulas picantes de chocolate que circulan
por la calles y las plazas de México. El colmo de la perversión y de embustería en esto del chocolate lo alcanzan
quienes «para más fresco, lo hazen de cevada tostada, a

modo de alexixa, y otro día entiendo que lo harán con leche de gallinas, según se usa cada día para madama gula de nuevas invenciones». El cirujano de Écija Antonio Colmenero dio a la imprenta unos años después cierto opúsculo sobre la naturaleza y calidad del chocolate, al cual adjudica muy completas virtudes de botica. Él dice haber dado con una receta a base de pepitas de melón y de calabaza que obran maravillas en el hígado, aliadas con el polvo del cacao.

No sabían distinguir todavía los mercaderes las variedades *trinitario* y *forastero* del cacao, cuando la mezcla dulce ya había sido admitida en la Corte española. Felipe III envió en 1615 una muestra con el cortejo que acompañó a su hija Ana hasta París para casar a la infanta vallisoletana con el borbón Luis XIII. Hubo algarada en Versalles durante la primera degustación; el padre del rey Sol, el monarca más enigmático y atormentado de Europa, llegó de la caza, comió abundantemente como solía para que su pueblo le mantuviera el fervor y la confianza y al final del banquete dio su visto bueno al chocolate espeso. Su hijo Luis XIV, de larga vida y reinado felicísimo, perfeccionó mucho el presente de su abuelo español, lo popularizó y tuvo el ingenio de restituir al cacao sus cualidades monetarias instituyendo una gabela real sobre la importación y el comercio de dicha almendra. Para animar la demanda interior, las recomendaciones médicas de tomar chocolate, tener «buen color en el rostro, y si es muger estéril se hace preñada y parida» [10], fueron convenientemente difundidas entre los súbditos del reino, quienes además se perdían por emular las costumbres y los consumos que el rey y su vasta corte ponían en práctica, según las estaciones, en Versalles, en París y en Marly. La desgraciada reina Tesesa de Austria, que se encontró en la isla de los Faisanes con el rey Sol en 1660 para celebrar esponsales, era, según dicen, insensible a las infidelidades de su marido y a la maledicencia de que había perdido ella el color blanco de sus dientes por ser muy aficionada al chocolate. Mas todo eso queda en habladurías de la corte de Versalles.

La Corona de España logró mantener el monopolio de la famosa almendra *cacahoatl* hasta que las grandes compañías europeas consiguieron controlar la producción y el comercio. Entre Sonocusco y Sonsonate, a lo largo de la franja costera de Guatemala y El Salvador se extendían los cacaotales, en monocultivo. Los propietarios de aquellas grandes plantaciones vivían en Amsterdam, en Londres y en otras bases de la colonización; a esos patrones del chocolate en semilla se les llamaba en las bolsas de valores *los grandes Cacaos*.

Teoría monetaria maya y falsificación de moneda

Por un esclavo se pagaban cien granos, y diez por un conejo. Los servicios de una mujer pública valían ocho granos en 1553 en la ciudad de México. La moneda recorre por aquel entonces toda la tierra de Nueva España; una carga vale veinte mil almendras o cacaos, o sea, seis mil pesos de oro, según el contable fray Toribio de Benavente. Pero ese valor fluctúa con arreglo a las plazas (vale más cuanto más lejos de las regiones de producción) y a los años (una buena cosecha devalúa ese dinero-especie).

Veintidós toneladas de cacao entraban en los trojes de Moctezuma II después de cada recolección. La tasa gravaba especialmente a las cosechas del Yucatán, en concepto de derecho de conquista. Ese considerable fondo monetario era una eficiente palanca en manos del poder central para controlar la inflación y los precios. La ley del equilibrio entre la oferta y la demanda completaban el cuadro de la política monetaria del imperio: si la cosecha era mala, el precio del cacao subía y se transformaba menor cantidad en chocolate. La estabilidad se restablecía en pocas semanas. En suma, en cacao se pagan los tributos del rey y el diezmo de la Iglesia, se compran caballos y se da limosna.

La falsificación de moneda de cambio es otra de las leyes económicas en permanente vigencia. Los más habilidosos falsificadores de almendra de cacao vivían en el valle de México y en Nicaragua, según Eric S. Thomson. La delicada operación se efectuaba de esta manera: se levantaba con sumo cuidado la cáscara y se quitaba la pulpa, la cual se vendía para hacer chocolate. El vacío se colmaba con cera o con arcilla.

Vistosa controversia sobre si la bebida de cacao rompe el ayuno

Entre las siete y las ocho de la mañana es la mejor hora para beber chocolate. Tal horario es recomendado con la pasión del goloso impenitente por el médico Juan de Cárdenas, ilustre investigador de tan debatido asunto. No se prohíbe degustar una jícara del untuoso líquido después de comer, aunque es mucho más saludable aplazar ese deleite hasta las cinco o las seis de la tarde. En consecuencia, el perito sevillano aconseja beber el chocolate caliente con el estómago vacío; y en contra de los teólogos laxos, el doctor condena llanamente por faltar a la norma del ayuno cuaresmal que la Santa Madre Iglesia impone también a los devotos bebedores de chocolate.

Dura ley es ésa para los pobladores de los nuevos reinos, que en «tierra tan dexativa conviene desayunarse con algo por la mañana y que no ay cosa más apropiada para este efecto que el chocolate» [11]. El vulgo por ignorancia bien entendida y el señor por entendimiento y comodidad llegaron allí a la profunda convicción de que el cacao fresco o *pinole* y el chocolate tibio y ligero no iban en detrimento de la sagrada carga del ayuno. A pesar de ese muy democrático acomodo en el que también tomaron parte clérigos, monjas y hasta prelados, la disputa de penitentes en tierras tropicales llenó casi tantas páginas y quodlibetos tomistas como las escritas a propósito del sexo de los ángeles y del número que de ellos pueden aposentarse en la punta de una aguja. La de si los indios tenían alma y si ésta era inmortal, había recibido ya dictamen favorable.

El razonamiento del científico es concluyente en el peliagudo lance del chocolate: si el cristiano tiene sed, que beba agua de la fuente, y si desea ayunar, que prescinda del cacao, frío o cálido, y de la *chicha*. En la casuística «ad contra» gasta el doctor Cárdenas una decena de páginas; mas Dios es misericordioso incluso en las Nuevas Indias y el furibundo médico deja una esperanzadora puerta entreabierta al libre albedrío, que consiste en desmayarse. «En tal caso digo que ahí entra la piedad del Nuestra Sancta Madre Iglesia, permitiendo que en tales días no por vía de mantenimiento sino a modo de medicina...»[12]. se autorice beber chocolate caliente para matar los humores superfluos. El piadoso papa Pío V certificó la receta y en las casas señoriales y conventuales se estableció el turno del chocolate antes de misa de ocho. Un deleite más del ramo de ultramarinos.

8. Exaltación del atole y de la chicha: metamorfosis americana de alcoholes, vinos y licores

Para poner a prueba, quizás, el antiguo adagio que señala cómo el alcohol hace salir pájaros de fuego de la boca de los impostores, el zar de todas las Rusias, Pedro el Grande, recibía a sus invitados entre atambores en su Palacio de San Petersburgo ofreciéndoles un torrezno y una copa de notables proporciones colmada de vodka. El ruido y el alcohol suelen acreditar, en efecto, la solemnidad de un encuentro.

En el lugar llamado de Guacanarí (isla La Española) el Almirante Colón ordenó hacer tiros de lombarda para impresionar al rey local, por si tenía oro; de resultas subió el invitado a bordo de la *Santa María*, mostró su desnudez y su acatamiento a Colón y se sentó a la mesa: éste, según cuenta en su *Diario*, ordenó servir viandas y vino del de Castilla. Aquella primera ablución americana de caldos manchegos bien remejidos por larga travesía oceánica, no pudo ser más frugal: así como hizo con las carnes, el cacique caribeño «solamente llegava a la boca tanto como se toma para hacer la salva... y después se lo daba a los otros (sus dos consejeros), y todo con un estado maravilloso y muy pocas palabras»[1]. Se da por cierto que el juicio crítico quedó sin traducción fidedigna, a pesar de la propensión del Almirante a darse por enterado de lo «assentadas y de buen seso» de aquellas primeras invocaciones indígenas.

Doscientos hombres retiraron en andas al rey anónimo tras haber elogiado él a quienes «de tan lexos y del cielo eran enbiados», mas nada dijo de aquel vino que se sirvió para brindar por uno de los postreros crepúsculos de la humanidad. Se hizo tarde, el Almirante ordenó disparos de lombarda más nutridos y ni las conciencias ni las mentes resultaron dañadas por el alcohol, que la sutil diplomacia del Almirante agradaba a la clase dirigente local.

La primera aseveración científica que sobre las bebidas de los habitantes del nuevo continente contienen las crónicas está firmada por el galeno natural de Constantina Juan de Cárdenas, y se refiere a los licores y zumos que sustituyen al agua en aquellas latitudes. «Los indios de Nueva España... jamás prueban a beber agua ni la han menester en toda la vida; lo mismo les sucede a los que están hechos a beber vino o otro cualquier género de bevida, que raras veces o ninguna usan a bever agua y esso podemos dezir destos carives»[2]. El doctor sevillano enumera los sustitutos indígenas para apagar la sed: el aguamiel o zumo del maguey, el licor de la hoja de nopal y del cogollo de la lechuguilla.

El médico Cárdenas da fe de la muy acendrada leyenda según la cual los indios de las tres latitudes americanas hasta entonces cartografiadas son propensos a la borrachera, uno más de sus infalibles métodos para tentar la escalada hacia el paraíso. El jesuita Acosta derrocha su saber ciceroniano para dejar plasmado a modo de título de encíclica esa afición a la jumera entre la ciudadanía local:

Inter omnes vero barbarorum morbos... La embriaguez es
una de las más graves enfermedades del bárbaro, lo cual
avala la rigidez de la evangélica tarea. Mas la circulación
de alcoholes, sometida desde la era de Noé a tasa para
justificar, quizás, el delirio que provoca, puede alcanzar
ella misma insospechados niveles de contradicción y de
anarquía.

Las siglas P.182.-R.21 protegen un interesante documento del Archivo General de Indias, en Sevilla, emitido
en 1565 por el Real Patronato. El original, tres legajos en
cuarto y en letra de palacio, está encabezado y rematado
por la mano de un ordenancista inmisericorde que impone en Nueva España la sustitución de bebidas alcohólicas locales (chicha, atole y otros aquelarres) por el vino
peninsular de importación. «Los indios hacen un vino al
que llaman *chica*, al cual son tan aficionados y beben tan
desordenadamente y tanto que vienen a reventar muchos,
de que se siguen grandes daños e inconvenientes así para
aprender la doctrina cristiana como para las buenas costumbres.» Para combatir «la mala disposición de la tierra
y el suceso de los tiempos»; en nombre de la religión y en
servicio de Dios; en favor de las vidas, las familias y los
espíritus de esos beodos perpetuos, el legislador ordena a
los presidentes, oidores y justicias abrir tabernas: «en la
Nueva España no se consiente vender vino de Castilla a
los indios, y por muchas maneras lo compran... y como
todos los españoles lo compran para ellos, puédeseles dar
taberna a ellos aparte en cada lugar, y seguiráseles un gran
provecho y no los engañarán...». Las nuevas cantinas, que
sustituirán a las de chicha, quedan bajo control y tasa vi-
rreinal; todo se haga en favor de la curación de los cuerpos y por la salvación de las almas.

En tanto hacen acopio documental de brebajes y caldos
para la borrachera, los iniciales cronistas se desconciertan
porque las vides americanas permanecen en estado sal-

vaje. Anota el clérigo López de Gómara que en los valles de México «se hallaron vides en muchas partes, y es de maravillar que habiendo cepas con uvas, y siendo ellos tan amigos de beber más que agua, cómo no plantaban vides y sacaban vino de ellas» [3]. Allí crecían, en la paz de la ignorancia, los Bacillos bravíos que cuatro siglos después salvaron de la filoxera, por resistentes, las viñas de media Europa. La plaga vitícola rompió en el siglo XIX el aislamiento de las especies de los dos continentes; el injerto de la *vitis vinifera* en varas americanas permitió a los bodegueros bordeleses y borgoñones ofrecer la mejor cosecha de este siglo en 1929, precisamente cuando algunos poderosos sólo podían brindar por su ruina. Para honrar bodas, partos y fiestas sacramentales, la ciudadanía de ultramar prefería otras bebidas que «los embriaguen y desatinen», productos de la fermentación de frutos más cotidianos.

Variedades de los vinos de maíz en México, Perú y las islas de Barlovento.

Juan Bautista Pomar, mestizo, hijo del español Antonio y de una hija natural del último cacique de Tetzcoco, Netzahualpilli, respondió con orgullo en 1582 a un indiscreto cuestionario del Consejo de Indias remitiendo a la autoridad una muy pormenorizada relación de la vida y de las obras de sus antepasados. El documento señala lo mendaz de ciertas apreciaciones interesadas sobre costumbres y vicios del personal conquistado; consiente en la depravación de ciertas prácticas de aquella gentilidad y, ante todo, muestra la calidad de espíritu de sus señores. La religión, la guerra y la mesa son las referencias esenciales de esa grandeza de los reyes.

En casa del rico, la comida frugal y la bebida escasa,

dos veces al día, es digna de monasterio, según Pomar. «La bebida de los poderosos era cacao, y por regalo bebían *pinol* hecho de *chián*» [4]. Los aztecas usaban el *octli* o *pulque*, un alcohol fermentado de *agave*, para solemnizar bodas y entierros, aunque los ancianos, hombres y mujeres, tenían potestad para elegir, sin peligro de culpa, las noches de sus grandiosas borracheras. El *balche*, fermento de esa corteza con miel y agua, es bebida de mayas.

La alacena mexicana de especias y raíces se pone a disposición del arte culinario para completar la más vasta oferta de saludables abluciones ligeramente alcohólicas. El médico de Cárdenas recomienda el *atole* líquido como medicina fría, templada o caliente. El obispo Diego de Landa, cuidadoso narrador de pormenores y primer traductor de glifos mayas, asienta la utilidad y los métodos de elaboración de esos derivados del maíz describiendo la faena de las indias que «se bañan mucho, no curando de cubrirse sino cuando podía cubrir la mano». Remojan ellas asimismo el maíz en cal durante una noche; «a la mañana está blando y medio cocido y de esta manera se le quita el hollejo y el pezón» [5]. Los trabajadores y caminantes del Yucatán consumen sin mesura la pasta que resulta de la molienda consiguiente, desleída en vaso, atestigua el cronista eclesiástico. Sabrosa y «de gran mantenimiento» es también la leche residual, que cuajan al fuego. Nadie pudiera esperar mayor portento de una escuela gastronómica cuyo prestigio depende de un solo producto.

El vino de maíz que se fabrica al norte del paralelo de Oaxaca se llama *atulli*, mas apenas emborracha si no se cuece con algunas hierbas o raíces, según el cura de Gómara. Es la bebida habitual en la mesa del indio, que es el duro suelo, a la que las mujeres sólo tienen acceso en ocasiones señaladas. Si ha de celebrarse un nacimiento o un matrimonio, se acepta la compañía femenina y suben los grados alcohólicos de la bebida de maíz, mezclada con «ciertas hierbas que, con su mal zumo o con el olor pestífero que tienen, encalabrinan y desatinan al hombre mucho peor que el vino puro de San Martín, y no hay quien les pueda sufrir el mal olor que les sale de la boca, ni la gana que tienen de reñir y matar al compañero»[6].

En tierras de caribes y peruleros reina en todo su esplendor la *chicha*. Benzoni describe con su habitual prosa de lombardo enojado la feliz tarea de las molineras de La Española que tienen a su cargo la preparación del vino de maíz. Ablandan el grano y «llevándolo a la boca en pequeñas cantidades, lo mastican, y haciendo fuerza, casi tosiendo, lo arrojan sobre una hoja o a una escudilla. Luego lo vierten en un ánfora...»[7]. Hiérvase durante tres o cuatro horas y cuélese frío el engrudo; el caldo blanco «sale con tal perfección que llega a embriagar». Fernández de Oviedo supone que «aqueste brebaje es la cosa del mundo que más sanos y gordos» tiene a los indios de sus feudos caribeños. Hasta el quinto día se puede consumir esa cerveza de maíz sin que dañe.

En las poblaciones, cada año más esquilmadas, de la amazonía alta peruana, de Puerto Castilla a Iquitos y de Andoas a Sargento Lores, la *chicha* de *yuca* fermentada, o sea el *masato*, no se cuela. Los finísimos cuencos de tierra roja recocida, las *mocauas* navegan aún hoy sobre la superficie láctea del fermento para recoger con una ligera inclinación ese vino blanco de la selva. A ese caldo y a los de las otras provincias americanas dedica Cobo en su *Historia del Nuevo Mundo* una larga y detallada relación de métodos y denominaciones de origen, sin desperdiciar la ocasión para denunciar el vicio al que se entregan los naturales: «al cual son tan inclinados... que ni ha aprovechado el haberse convertido a nuestra Fe, ni el trato y comunicación con los españoles (?), ni los castigos que hacen en ellos sus curas y las justicias»[8]. También hoy en

Intuto y en Andoas los trabajos colectivos o *mingas* suelen terminar en solemnísima borrachera general de *masato*, como si allí la virtud de los españoles hubiera sido inocua y el tiempo siguiera suspendido.

Cada pueblo fabrica su bebida alcohólica nacional a partir del fruto que con mayor abundancia Dios le ha dado, según el jesuita Bernabé Cobo: la *quinúa* y el *molle* en el altiplano; el *maguey* en Méjico, la *yuca* en la amazonía, las fresas en Chile, las algarrobas en Tucumán... y el maíz en todo el imperio.

La bodega de la *chicha* es tan variada como la de la vid, y más rica en colores. Se hace *chicha* más o menos fuerte, «colorada, blanca, amarilla, cenicienta y de otros colores»; la más alcohólica se llama *sora*, y se obtiene del maíz que está enterrado hasta que retoñe. La más ordinaria es la de maíz mascado, causa del asco recóndito del colonizador. Suelen ser las mujeres «viejas podridas» del poblado, casi desdentadas, quienes se encargan de masticar la masa grumosa resultante de la harina de maíz. «Llevan su paga..., fuera de lo que interesan tragando lo que quieren para matar el hambre». Dos días tardan en fermentar las salivaciones.

En Perú se llama *azua* a esa cerveza blanca como la leche, y se da por cierto entre cronistas de prestigio que el vocablo *chicha* tuvo su origen en La Española. La producción de las especialidades ricas en alcohol aumentó considerablemente en las regiones aledañas a los pagos mineros (Porco, Potosí y Chocolococha) cuando ciertas señales del cielo en forma de nubes se fijaron sobre las sierras auríferas, según narra el fraile jerónimo Diego de Ocaña.

Bajan el cerro en tropel, como enfurecidos mendicantes, unos doce mil mineros tristes y en celo, en busca de sus raciones semanales de *chicha*, coca, mujer y patata. Sólo en vino de las Indias se gastan cada domingo más de trescientos mil pesos de plata corriente. Durante toda la noche del sábado, la montaña ha vomitado hombres negruzcos, que bajan con velas encendidas hasta alguna de las catorce parroquias, desde la región de las nieves perpetuas. Reciben su soldada semanal (dos o tres ducados), entregan con gran secreto algunas piedras ricas en metal, beben en las pulperías durante un día y una noche, se emborrachan hasta alcanzar el umbral del desvarío y duermen, en fin, con las indias lujuriosas de cabello suelto que usan aceites y tierra colorada como almagre para embadurnarse la cara, la nariz y la frente. «Esto es la cosa más notable que puedo decir de Potosí y por tal la pongo; y prevengo, que si alguno dijere o le pareciere que me adelanto, que doy por testigos a todos cuantos han estado en este lugar, para probarlo ser así» [9].

Elogio de la embriaguez

La plata de las minas de Potosí se derrite bajo la atenta mirada de las gentes de buen entendimiento, bachilleres de Salamanca, teólogos y leguleyos por cuenta de la Corona, cubiertos con capas pardas. Corre la *chicha* en las rancherías, curan los mineros la fiebre del sábado con las putanas que tiznan sus caras de amarillo, bailan con frenesí y beben «hasta que se acaban las botijas de chicha, y quedan tan borrachos ellos y ellas que como puercos quedan por aquellos suelos». En comida gastan muy poco. Todo el maíz de los valles de Pitantora y Cochabamba y las seiscientas mil cargas del que se recoge en el territorio de Tomina se transforman en bebida alcohólica. Con tres libras de maíz se hace una botija de chicha. Los barreteadores regresan a la mina el domingo a la puesta del sol, sin un real «ni de que hacer testamento», con un hatillo de maíz tostado, agua y un poco de ají, y esperan durante una semana la redención en las entrañas del cerro.

Cuando los límites del *Tawantinsuyo* coincidían con los del universo, el *Inca* recibía al amanecer de manos de la *Coya*, hermana y reina, un vaso de oro. El hijo del Sol bebía con solemnidad la *chicha* celestial y comenzaba la fiesta: el pueblo podía emborracharse, cantar, bailar y darse a excesos. «Todo el día gastan en beber su *chicha* o vino que hacen del maíz, trayendo siempre el vaso en la mano» [10]. Las salmodias de los sacerdotes se asocian a los cánticos del pueblo, hombres y mujeres cogidos de la mano bailando alrededor del tambor; se oye al fin el clamor orgiástico, quedan sin sentido y «algunos toman las mujeres que quieren y usan de ellas con lujuria, sin tenerlo por cosa fea». Los incas creen en la inmortalidad del alma.

La represión de la embriaguez es una de las más rígidas leyes del inca, incluso en esa solemnidad del *Capac Ynti Raymi*, fiesta del Señor Sol. A los borrachos mandaba matar, afirma sin turbación el cronista Poma de Ayala, porque habían de «callar y dormir sin pecar cosa». La pelea entre ebrios se castiga con cincuenta azotes y corte de pelo; y el asesinato con la horca, sin atenuantes.

Había entonces menos borracheras, se lamenta el noble descendiente de la familia Huánuco. Fue muerto el Inca, mudaron los templos y los sacerdotes y se liberalizó el consumo de alcoholes y drogas. Se popularizó el *uañapu* o *sora*, un brebaje fortísimo prohibido antes, informa el inca Garcilaso. De la *chicha* y de esa variedad más recia había tenido cabal noticia en Tumbes el griego Pedro de Candía, personaje fisgador que había luchado contra el turco y casado con rica zamorana antes de acompañar a Pizarro en la conquista, uno de aquellos «trece de la fama» de la isla del Gallo. También había un negro. Para cerciorarse de que el inca *orejón* Tupac Yupanqui tenía mejores intenciones que las suyas, Pizarro envía al griego a Tumbes. El capitán disparó al aire su arcabuz ante el cacique de la comarca; se aterrorizaron los indios y, según cuenta Cieza de León, el súbdito del inca se percató enseguida de las ventajas e inconvenientes de aquella boca de fuego. El cacique ordenó sus filas y «pidiéndole a Candía el arcabuz, echava por el caño muchos vasos de su vino de maís diciendo: toma, bebe, pues con tan grande ruido se me hace que eres semejante al trueno del cielo». Con el arma inutilizada y el espíritu en total desconcierto, Pedro de Candía fue tenido por embajador de *Illapa*, el Rayo del Trueno.

Cuando Atahualpa había aprendido, pocos años después, a jugar al ajedrez, corría también la *chicha* con profusión en la corte cautiva de Cajamarca. El Inca mantenía su moral conservando sus hábitos en el vestir, en el comer y en el beber, ya que Pizarro permitió que el Hijo del Sol siguiera recibiendo los dones y servicios de sus innumerables mujeres. Mas esa del consumo nacional fue la última y endeble trinchera del Gran Inca.

La leyenda blanca del indio borracho se apodera pronto de las crónicas, y merece apreciaciones tan irónicas como la que sigue: «los indios beven de tal suerte y en tanta cantidad el vino que no digo yo vapores para acortar la vista, pero para engendrar nubes y lluvias son bastantes» [11]. El colmo de la perversión se practica, según el medinense Bernal Díaz, en Pánuco, «que hallamos... que se embudavan el sieso con unos cañutos, y se henchían los vientres de vino» hasta que no les cabía más. El punto de convergencia de todas las maldades lo indica con diligentes teologías el fraile Toribio de Benavente: la borrachera azteca es un traslado al infierno, y desde allí los indios llaman al demonio y hacen pacto con él.

«Las beoderas que hacían muy ordinarias, es increible el vino que en ellas gastan... Comenzaban a beber después de vísperas... A prima noche ya van perdiendo el sentido, ya cayendo, ya estando cantando y dando voces llamaban al demonio» [12]. No debió parecerle bastante rotunda esta denuncia de paganismo a fray Bernardino de Sahagún aunque estuviera firmada por su vecino de celda en el convento de Tlatelolco; él, a sus setenta y tres años, defendía que la evangelización de los indios estaba resultando un clamoroso fracaso, que la embriaguez de las almas y de los cuerpos persistía y que las investigaciones más rigurosas descubrirían la práctica secreta de idolatría. Con la furia del iluminado, se presentó el viejo franciscano al inquisidor de México, Moya de Contreras, un día de enero de 1572, denunció por «justificar la adivinanza de los indios» a su hermano en religión fray Toribio de Motolinía y solicitó para el desviado un severo castigo.

La borrachera general se presenta en las narraciones de los cronistas como catarsis colectiva y perversión social o religiosa que da pie a otros vicios. Diego de Landa, obispo también iluminado que comenzó su tarea episcopal destruyendo templos en Yucatán y torturando idólatras y acabó sus días componiendo el primer alfabeto maya, achaca al alcohol muchos de esos desenfrenos: matarse unos a otros, violar camas, pegar fuego a las casas... [13]. «Y cuando la borrachera era general y de sacrificios, contribuían todos para ello... Comían sentados de dos en dos o de cuatro en cuatro, y que después de comido, los escanciadores, que no se solían emborrachar, sacaban unos grandes artesones de beber hasta que se hacía un zipizape.»

Como aconteciera en el Imperio del inca, tampoco la moral y la etiqueta de los aztecas y de los mayas estaban acordes con tales excesos. El mismo obispo Landa advierte que en los convites nobles de Copán y de Chichén Itzá sólo se servía bebida de cacao. Se prohibía a los militares beber vino, y sólo les era permitido degustar bebidas de cacao o de maíz sin alcohol. El uso del vino «sólo fue permitido a los muy viejos y a éstos nunca en público», so pena de recibir durísimos castigos.

Un joven ebrio y pendenciero era estrangulado con lazo si pertenecía a estirpe noble, y moría a estacazos si era de clase plebeya. Son «ejecutados o rapados» en la plaza pública los ebrios, a no ser que el rey haya dado su venia en día festivo para sucumbir a los efectos del alcohol; «además, se les derriba la casa, porque no juzgan digno de tener casa a aquel que pierde el juicio por su voluntad»[14]. Es este el catálogo de sanciones que Francisco Hernández, *Protomédico general en todas las Indias, islas y Tierra Firme del Mar Océano*, copió llanamente de la crónica de López de Gómara. Adolece el mismo de falta de lógica justiciera.

Mas no le va a la zaga en esa carencia de gradación de penas y delitos el testimonio transmitido por el mestizo de Tezcoco Juan Bautista Pomar. Mueren, según él, de la misma manera quienes cometen «pecado nefando», los adúlteros y las adúlteras, el que fuerza doncella o viuda, los ladrones y los borrachos: a todos «daban la muerte con una losa que les dejaban caer sobre la cabeza, haciéndosela plasta».

Porque la teología precede a la legislación en el ordenamiento de las sociedades, no debió causar enojo al alcaide Fernández Oviedo la respuesta que le dio un cacique antillano cuando le afeó el vicio de su embriaguez:

—Tal es la orden que yo he recibido de mis antepasados, y si quebrantara ese mandamiento y esa tradición, muy presto sería yo abandonado por mis vasallos.

Zumos alcohólicos y azumbres del Mundo Nuevo

El florentino Amerigo Vespucci, a quien un distraído impresor de Basilea regaló el santo y la seña americanos, cató en el golfo de Parias tres suertes de vino local «he-

cho con frutas como la cerveza, y era muy bueno». Los
parabienes del explorador por cuenta de España y Portugal, y para beneficio último de Lorenzo di Pierfrancesco
de Medici, son pronto compartidos por los ciudadanos
transatlánticos, a tenor de lo dicho por el otro aplicado
cronista italiano, Benzoni: que ha sido el vino de uva la
cosa de mayor aceptación de las que los españoles llevaron allí, porque los indios, acostumbrados al suyo de
maíz, dicen que éste «no les reconforta el espíritu, ni calienta en vientre, ni hace dormir tan dulce y suavemente
como el de Castilla» [15]. La misma fascinación etílica cau-
tivó al orejón que el marinero Bocanegra trajo al batel de
Pizarro cuando éste remitía al rey Guaynacaba mensajes
en clave sobre la fortaleza de los españoles y la negrura
del infierno; el orejón trasegó el caldo manchego, después de atenta observación, y alabó el brebaje por sabroso.

La mudanza alcohólica no fue inmediata, porque ni la
Península podía cubrir la demanda ni los chapetones dejaron de apreciar las delicias de ciertos licores americanos.
El vino de la vid fue durante los primeros años americanos pócima para enfermos, sustancia eucarística o regalo
de capitanes. Los soldados de conquista hallan pronto los
necesarios sucedáneos; el primero, muy probablemnete,
el licor fresco y dulce del árbol de las maravillas, el *maguey*, cuyos derivados componen una bien surtida bodega. Así lo explica el guardián del convento franciscano
de México fray Toribio de Benavente: con la sustancia de
su raíz «cocida, hácese un vino dulcete y limpio... Echán-
dole unas raíces que los indios llaman *ocpatl*, que quiere
decir medicina o adobo de vino, hácese un vino tan fuerte
que emboeda reciamente; tiene mal olor, y peor el aliento
de los que beben mucho de él» [16].

Tiene mucho fundamento la sospecha de que ese y no
otro era el origen de la desventura que consumía a la

princesa azteca Chalchiuhnenetzin, a la que «hedían grandemente los dientes, por lo cual jamás se holgaba con ella el rey Moquihuixtli». La imputación se contiene en la *Crónica mexicayotl* que redactó con mucho tino y desparpajo el mestizo Hernando de Tezozomoc. Consta en el sumario que la princesa, endeble, delgaducha y sin color, ahogaba en vino sus penas; que dormía sola en un rincón mientras su marido gozaba con las mancebas y que ella «yacía sobre el *machochtli*» o consolador para apaciguar su encendida lujuria.

Del maguey tomaron los españoles la sabia desinfectante para curar las heridas de la *Noche Triste*, y ese extracto alcohólico, calentado, es lenitivo para la mordedura de serpiente. De esas y otras virtudes del árbol que más parece un supermercado tomó nota en el noveno de los dieciséis cuerpos de su libro el doctor Francisco Hernández, cuyos ensayos americanos fueron difundidos por toda Europa. El famoso humanista español espió durante siete años a los curanderos de Nueva España y recogió material suficiente para dar ocupación a varias generaciones de médicos europeos.

La frontera entre la taberna, la botica y el aquelarre es sumamente turbia. Los hechiceros incas que rendían culto a la diosa de la fecundidad *Mainana* recomendando la bebida preparaban un brebaje embriagante para vengar las traiciones amorosas; al esposo o la esposa infiel les brotaban en la piel unas manchas del color del maíz que el brujo había añadido a su bebedizo. Los caminos hacia la divinidad son siempre misteriosos, comprometidos a veces, y conviene fiar la última galopada a cualquier fecunda pócima que Dios haya colocado con su infinita sabiduría en plena naturaleza.

9. Placeres sosegados para una vida ultramarina:
la coca y el tabaco

Mayta Capac, cuarto Inca de la estirpe de Viracocha,
cumplió con gran premura las preceptivas ceremonias fu-
nerarias de su padre, repartió mercedes entre los *curacas*
principales del reino y dejó correr su codicia por el escabroso camino de la guerra: doce mil soldados bien nutridos y pertrechados conquistaron en primavera la provincia de Tiahuanacu, en donde un cerro enorme levantado
por el hombre en honor de lo inútil se alza sobre colosa-
les cimientos de piedra. Fue esa la primera de las múltiples conquistas de Mayta Capac, quien al final de sus días
compartió la gloria con su hermana y esposa *Mama
Cuca*; a ésta se atribuye la iniciación del uso de la coca.

Muchos años antes de que se pusieran en circulación
las recuas de llamas, sobre cuyos lomos frágiles viajaba la
coca acondicionada en largos y angostos cestos, los habitantes del altiplano andino masticaban la hoja de un má-
gico arbusto que la tradición de los *kógi* denomina *guán-
guala*. La leyenda de esa tribu asentada en la Sierra

Nevada colombiana, cuya recapitulación es obra del polígrafo Gerard Reichel-Dolmatoff, indica que las primeras hojas de coca salieron de la luenga cabellera de una muchacha. Fue ella a bañarse al río y se enamoró de un pájaro al que daba de beber su saliva. Aquel pájaro, blanco y enamoradizo, era el famoso *Mama Tairona* metamorfoseado para tan galante ocasión. Se amaron un día muy cerca del agua y cuando el astuto Tairona volvió a su casa obtuvo las dos primeras semillas de coca que surgieron, como por ensalmo, al sacudir su propio cabello.

Se tercia dura polémica entre historiadores a la hora de situar y fechar el hallazgo de la sagrada planta por los españoles. Si el erudito recopilador Pedro Mártir es veraz, cupo el honor de la prueba a la expedición de Pedro Alonso Núñez en la región de Cumana y en 1500. Bien pudiera ser, no obstante, que el autor de las *Decade del Mondo Nuovo* tomara una droga por otra, y que la primicia hubiera de adjudicarse a don Bartolomé Colón. El hermano del Almirante recaló el 17 de febrero de 1503 en una orilla del río Urira y observó al cacique del lugar y a sus altos dignatarios entregados todos a la extraña tarea de masticar una hierba — fea cosa, según la relación de Diego Méndez — que mezclaban con un polvillo blanco.

El tardío descubridor Amerigo Vespucci luce su blancura florentina aquellos días de su estancia en algún puerto que habría de asignarse a una Guayana, según refiere, mientras rescata perlas en abundancia y observa el oro que cuelga de las orejas de los indígenas. En tal escenario cien veces repetido, se representa la escena del consumo de coca que describe con oportuna precisión: era aquella gente «la más bestial y la más fea que vimos jamás... y todos tenían los carrillos llenos por dentro de una hierba verde que la rumiaban de continuo como las bestias... Traían al pescuezo dos calabazas secas, y una estaba llena de aquella hierba que tenían en la boca y la otra de una harina blanca que parecía yeso en polvo, y de cuando en cuando con un huso que tenían, mojándolo en la boca, lo metían en la harina y después se lo metían en la boca»¹. Comprobada después la falta de agua fresca en la isla, Vespucci concluye que el alocado tejemaneje de hierba, huso y calabazas sirve a los lugareños para matar la sed.

La palabra *coca* significa planta en lengua *aymara*. Varía la nomenclatura en los distintos lugares de su geografía en donde es consumida, desde Nicaragua y la costa panameña de Veragua hasta los altivos pedregales de Cuzco. Cieza de León sentencia que si la coca no existiera, tampoco existiría el Perú: «por todas las partes de las Indias por donde yo he andado he notado que los indios naturales muestran gran delectación en traer en las bocas raíces, ramos o hierbas». Las hay de hoja menuda o de palote, verdes o marrones, mezcladas con ceniza, cal o polvo de concha de caracol. El indio pagano y adicto rumia la planta divina sin descanso, y se libra sólo de esa bola que ennegrece y conserva sus dientes cuando come o duerme. El cronista Cieza no concede virtud alguna a tales prácticas rumiantes, a pesar de que según dice² «preguntando a algunos indios por qué causa traen siempre ocupada la boca con aquesta hierba dicen que sienten poco la hambre y que se hallan en gran vigor y fuerza. Creo yo que algo le debe causar, aunque más me parece una costumbre aviciada y conveniente para semejante gente que estos indios son». Esa imagen conquistadora está en perfecta consonancia con la abulia, la apatía y aun la estupidez que se le adjudica a los habitantes de las altas cumbres andinas.

Mas todo lo que es historia verdadera tiene la obligación de ser expresado, tarde o temprano, en arte. Las sepulturas de los pueblos preincaicos asentados en la costa sur del Perú están repletas de taleguillos de lana y calabazas útiles para el suministro personalizado de hojas de coca y de caliza, respectivamente; y a su lado, figuras antropomórficas de terracota con los pómulos henchidos por enormísimos *mambe*, las pelotas de coca masticada envuelta con cal para mejor efecto y mayor delectación.

Leyes, decretos y reglamentos para el buen cultivo y uso de la coca.

Se da por cierto que los incas trajeron la hierba sagrada del *Antisuyo*, las altiplanicies aledañas de la vertiente oriental de los Andes. Aquellas hojas carnosas y suaves se convirtieron pronto en objeto de monopolio del gran inca, quien ordenaba el cultivo del valioso arbusto y la distribución vegetal entre la nobleza y el clero. Mas la larga mano del Hijo del Sol no alcanzaba las empinadas cumbres transitadas por los arrieros de llamas: recibían éstos muy puntualmente las dosis de estraperlo y sus caminatas se medían en unidades de consumo de coca, o *cocada*, cuya degustación, en permanente paseo bucal, duraba unos tres kilómetros. Lo cual redundaba en el buen servicio de los correos incas: menos de tres días tardaban los mensajeros del Imperio en llegar a Lima desde Sacsahuamán; doce jornadas empleaban los postillones españoles para correr a caballo el mismo trayecto.

La coca fue uno de los productos básicos de la fiscalidad del Imperio inca. Su gasto generalizado, aunque en dosis exiguas, era de obligado cumplimiento para sepultar a los muertos, que debían pasar a la eternidad con un hatillo de esa hierba depositado junto a su tumba. La superstición exigía su uso cuando el inca laborioso intentaba quebrar la paz de la naturaleza, y solicitaba de los dioses una curación o una buena pesca; la hoja de coca se suministra al paciente o se prende en el anzuelo.

Un excelente *Memorial* redactado por Carlos Páucar y firmado en Guamanga el 12 de octubre de 1566 da cuenta del método ordenancista que aplicaba Huayna Capac para regular el cultivo de la preciada hoja. En Matipampa, una de las colonias de *mitmas* o exiliados con obligación de tributo, el jefe inca concedió «tres pedazos de tierra que estaban montuosos para que cultivaran coca», maíz y ají a partes iguales. La delicada operación agrícola controlada por el poder estatal se realizó, según el testigo Páucar, bajo la atenta mirada de los *curacas* Parinanco y Toca, quienes se encargaban asimismo de entregar con religiosa puntualidad el tributo en especie. Con un discreto sentimiento de liberación, el etnólogo local Waldemar Espinosa intenta demostrar que la coca así cosechada se destinaba enteramente a actividades mágicas, a recompensa de altos servicios prestados al gran inca y al honor de las divinidades. Las *chacras* de Huamanga no daban, según él, más de diez cestos de coca al año. Escaso fruto es, habida cuenta de que las mujeres solteras y viudas recogen allí tres cosechas anuales y que al Inca le faltan fuentes de impuestos para financiar sus guerras de conquista o de resistencia frente al invasor inesperado.

Por alguna razón que hasta hoy escapa al análisis más vigilante de aquellos episodios bélicos, los concesionarios de *cocales* del inca resultaron ser los más acendrados opositores a la conquista conducida por Pizarro. En la confusión de la refriega, cuando el capitán extremeño logra meter en prisión a Atahualpa y éste no acierta a quebrar las aviesas intenciones del español, los pastores de los reales rebaños y los *cocacamayos* del gran Inca se apropian el patrimonio del prisionero de Cajamarca y se erigen en indomables resistentes. Mas en esa desventurada hora, el poder inca está ya cercenado y del Imperio del Sol no quedan sino las pavesas del fuego sagrado, el sahumerio que adormece la mente y borra la conciencia.

La hierba tan celebrada por los indios por tantos siglos

Una rigurosa descripción botánica de la coca se contiene en la *Historia medicinal de las cosas que se traen de nuestras Indias Occidentales* que editó en 1580 en Sevilla el médico Nicolás de Monardes cuando ya había perdido buena parte de su hacienda en un desastroso negocio de comercio de esclavos. El doctor Monardes, titulado del sevillano Colegio de Santa María, es el prototipo del nuevo ciudadano del renacimiento español, que trafica con «piezas de esclavos» desde su acomodada mansión a orillas del Guadalquivir y se interesa al tiempo por las novedades americanas que pueden resultar útiles para su botica. Con la misma diligencia que usa para ordenar la marca con una *M* de los 349 negros comprados por él y transportados desde Cabo Verde a las Antillas, Monardes se aplica a la definitiva tarea de librar de supersticiones a la ciencia médica, en esa investigacion de plantas americanas que le llegan de continuo y que, a veces, trasplanta él en su huerto privado de la calle del Deán. Nunca se movió de Sevilla el investigador; son tiempos de acelerado tráfico de ideas e intereses, y sus biógrafos suponen que llegó a encontrarse en 1565, probablemente sumido en admiración ante alguno de sus semilleros de bálsamos del Perú, con el banquero alemán Jacobus Fugger, sumamente interesado éste en la nueva oferta de medicamentos y drogas que desembarcan de las Indias. Los Fugger tenían ya entonces por concesión real el monopolio de la importación de los productos utilizados para el tratamiento de la nueva peste, la sífilis.

Las ansias de conocimiento que expresa Monardes al referirse a la coca contrastan con el general consumo y negocio que en el Nuevo Mundo hacen de la planta algunos de sus socios capitalistas. El médico sevillano compara la agricultura de la coca en Perú con los «habares y garbanzales» de la Península, pero se limita a una descripción colorista del arbusto y a recoger las indicaciones de catálogo que le llegan, para establecer al fin que son tres las pautas del regalo y uso de la coca por los indios: «para cuando caminan por necesidad, para sus contentos cuando están en su casa... y cuando se quieren emborrachar o estar algo fuera de juicio»[3]. Estar borrachos y sin sentido es, según Monardes, uno de los grandes contentos que tienen los indios, adictos gustadores de coca y de tabaco, apasionados toxicómanos que ahogan el cansancio y las penas en humo y en los efluvios de aquella *yerba*.

Si el efecto de esa droga se debe a los humos que envía al cerebro o a los jugos que manda al estómago es objeto de una perspicaz polémica, revestida de espíritu misógino, interpretada por una pareja de doctores en aquel final del siglo XVI: el irónico Juan de Cárdenas y la altanera Oliva Sabuco de Nantes Barrera. Es ésta la autora del panfleto *Nueva Filosofía de la Naturaleza del Hombre*, una bucólica discusión entre pastores salida de imprenta en Madrid y en 1587. Sostiene doña Oliva, con argumentos y autores de la literatura clásica, que es el humo producido por esa hierba prodigiosa el causante del bienestar inmediato: ausencia de hambre y fatiga, sutil serenidad de espíritu, modorra... Mas la propuesta de la mujer contradice el principio médico que exige la ingestión de la droga para comprobar sus efectos; el doctor Cárdenas se desencadena, olvida la hermandad obligada entre discípulos de Hipócrates y el respeto debido a una dama, aunque sea *latiniparla*, y replica que si tal «imaginación fuera verdad de que el cuerpo humano se sustentara de humo, que me atreviera yo a sustentar con sólo el olor de una buena olla a todo un convento de frailes, quedándose la olla tan entera como estaba antes... Así que esta opinión de doña Oliva juzgo por tan verdadera como otras invenciones que en su libro trae»[4].

La controversia sobre la fortaleza que a los indios da la coca masticada duró algunas décadas, y sólo dejó de ser superstición cuando los primeros *narcotraficantes* del Nuevo Mundo se organizaron a escala multinacional. Los españoles aborrecieron tanto su consumo cuanto aprovecharon su comercio. La siguiente anécdota referida por el Inca Garcilaso[5] es el colofón de una larga disputa: el caballero Rodrigo Pantoja se encontró en Rimac con un pobre soldado español que transportaba a hombros a su niña; éste justificó su trabajo de plebeyo diciendo que no tenía un maravedí, y que para resistir el esfuerzo masticaba coca. Admiróse Pantoja y «de allí en adelante daban algún crédito a los indios que la comían por necesidad y no por golosina», concluye el interesado hacendero Garcilaso.

Regresamos por exigencias de litigio a los pagos templados de la Sierra de Santa Marta (Colombia), en donde los indios *kógi* mantienen las pautas tradicionales del provecho de la coca. Se le prohíbe tajantemente a las mujeres, y los hombres deben esperar el momento de su iniciación. Los adultos ansían que la droga les dé una cierta placidez mental, según el investigador Reichel-Dolmatoff, e intentan con ella alcanzar un escalón que les permita «hablar mejor con los antiguos». Los jóvenes *kógi* detestan la coca, porque les disminuye grandemente su apetito sexual, y reniegan del ideal extremo que les inculcan en vano sus padres: comer sólo coca, no dormir, abstenerse de la sexualidad, cantar, bailar y recitar sin tregua y hablar durante toda la vida con los ancestros. Desde tan cabal nirvana se brinda la droga a los antepasados poniéndola en la palma de la mano y soplando el engrudo en la dirección del sol.

El lucrativo negocio de la «yerba del ballestero»

La hoja prohibida se sometió a la regla del diezmo y de la especulación desenfrenada antes de que se hubiera dilucidado si su virtud era pura imaginería local o, como afirmaban los indios, servía para apaciguar los padecimientos del cuerpo y del espíritu. No tenía entre españoles aún buena prensa la coca y ya el Inca Garcilaso era propietario de uno de los más frondosos *cocales* de Huisca, sobre las riberas del río Tunu. El autor de los *Comentarios Reales* presta a la descripción del tráfico de la droga, entre Cuzco y Potosí, todo género de detalles sociológicos y financieros. A treinta pesos se llegaba a pagar el cesto de hojas en el mercado de destino; los guías de las recuas de llamas podían llevar en la alforja de regreso hasta cien mil pesos, y las timbas nocturnas llegaban a alcanzar dimensiones de casino metropolitano. Los jugadores intercambiaban los talegos de plata y también las deudas contraídas, porque aquel siglo que se llamó dorado, lo era también en la palabra dada por los hombres, según Garcilaso:

—Diréis a Fulano que la deuda que me debe que os la pague a vos, que me la ganasteis.

El alocado negocio, bajo el control sutil de los ricos encomenderos, de la Iglesia y de la Corona, recorre la senda del suministro trasandino de coca, cuyo recorrido dura un mes y medio. Aquella república del dinero fácil prospera cuando el consumo se extiende. La regla es elemental: los encomenderos empadronan a los antiguos productores, titulares de las concesiones del gran Inca; la indiada se entrega al consumo del fruto prohibido, para propia satisfacción y a causa de la dureza del trabajo; los corregidores fijan las nuevas tasas y el mercado crece de forma desmesurada. En cumplimiento de la doctrina cristiana, el rey pone fuera de la ley el uso de la coca en idolatrías y encarga al clero el sagrado deber de velar por la buena marcha de la moralidad general.

Para evitar que la religión y el dinero tengan en común mayor territorio que el necesario para la prosperidad episcopal, el Concilio de Lima (1567) decretó que la coca era «cosa inútil, perniciosa, que conduce a la superstición por ser talismán del diablo». Mas los obispos del virreinato se refieren sólo al uso de la misma en ceremonias de hechicería, y no al que practican los indios para trabajar más y comer menos. El rey Felipe II responde tres años después con una ordenanza cuya clarividencia muestra la buena información que llega a El Escorial de cuanto acontece en el Nuevo Mundo. Advierte a los virreyes del desgaste demográfico que la afición generalizada a la droga está provocando («es ilusión del demonio, y en su beneficio perecen infinidad de indios») y encomienda a «los prelados eclesiásticos que estén con cuidado y vigilancia de no permitir» supersticiones y hechicerías. Mas el *gran cartel* es ya invencible y el poderoso monarca confiesa que «aunque nos fue suplicado que la mandásemos prohibir (no lo hacemos), porque deseamos no quitar a los indios ese género de alivio para el trabajo aunque sólo consista en la imaginación». Los nuevos súbditos debieron darse por satisfechos; los mercaderes, también.

La real ordenanza instala en labores de policía antidroga a los «curas y doctrinarios». Pero hay múltiples maneras de usar cristianamente de la naturaleza y de sus frutos, como demuestra el padre Blas Valera en el primer manifiesto europeo en favor de la liberalización del consumo de la coca. Preserva al cuerpo de enfermedades, apacigua el cansancio, el hambre y la sed, cura llagas, huesos e hinchazones... ¿Quién en su sano juicio se escandalizará si «la mayor parte de la renta del obispo y de los canónigos y de los demás ministros de la iglesia catedral de Cuzco es de los diezmos de las hojas de coca?» [6] Es cierto que antes de la llegada de los españoles los idólatras se hartaban malamente de esa planta; mas la Iglesia vela por la salud espiritual de todos sus hijos y el contrato de la «yerba del ballestero» (así llamada de forma equívoca por las muchas víctimas que ocasiona) debe estar en manos limpias y responsables. Y para que todo quede en la paz de Dios, se prohíbe la entrada a los cocales a las solteras y a los niños, y también a las casadas sin permiso del marido y a las embarazadas. Fútil argumento contra el comercio de la coca es, según el jesuita chachapoyano Luis Valera, citarla como único fruto responsable de la idolatría indígena. Hasta el agua fresca ofrecían a sus dioses los gentiles, declara en latín el apologista Valera, y a nadie se le ocurre dejar de beber.

Las estadísticas parciales, cuyo asiento se encuentra en las oficinas de conventos y gobernaciones, establecen que los indios de la provincia de Tunja pagaban sus tributos con «algunas cargas de *hayo*, que es cierta hierba que están mascando y rumiando los indios como ovejas, lo más del día y aun de la noche». Deja constancia Cieza de León [7] de la renta de ochenta mil pesos que produce un repartimiento de coca en Cuzco o en la Ciudad de La Paz en 1548, negocio floreciente sólo aventajado por el de las especierías, y «algunos están en España ricos con lo que hubieron de valor de esta coca, mercándola y tornándola a vender y rescatándola en los *tiangues* o mercados a los indios». El alijo anual destinado a la plaza de Potosí ascendió a cien mil cestos en 1583, y el valor del mismo, según el padre Acosta, superó el millón de pesos en la contratación controlada por los grandes encomenderos civiles, militares y eclesiásticos.

La agricultura y el comercio de la coca se asentó sobre territorio andino, hace casi diez siglos, según prueban las cronologías referidas a cerámicas y objetos funerarios. Algunos de los encontrados en las inmediaciones de

Quito contradicen la maledicencia que achaca a esa droga
una merma del erotismo humano. Con los dos pómulos
hinchados por la *cocada* y un enorme falo entre las manos
se presenta un misterioso personaje sepultado en barro en
una de las cuevas destinadas allí a los ritos funerarios.

Huayna Capac ordenó el exilio de los *cayampis* ecuato-
rianos, levantiscos e independentistas, a la tierra andina
de los Ancara, y les obligó a especializarse en el cultivo de
coca. La continuidad de la producción se asegura tras la
conquista, y uno de los descendientes de aquel exilio,
Juan Carnache, indio de la encomienda de Crisóstomo
Hontiveros, declara ante el escribano Juan Romo que,
como en tiempos del Inca, pagan los *cayampis* sus tributos en coca, y que la sobrante se reparte equitativamente
entre todos los indios de la encomienda. Aquella «fruta
vedada», nomenclatura bíblica acuñada por el jesuita
Cobo[8], adormeció el alma de los recién conquistados que
se entregaron al voraz consumo en beneficio inopinado
de quienes traficaron con aquel oro blanco peruano.

Un decreto republicano del 25 de noviembre de 1948,
dictado por el Ministerio de Salud Pública, prohibió en
Colombia la venta libre de coca; y el Gobierno de Perú
ordenó la producción de la misma por el sistema de *es-
tancos*, es decir, bajo el control de la administración pública desde la siembra a la exportación. Pero la ley y el
Estado han tenido desde siempre la singular virtud de
perderse en los recovecos de tales paraísos artificiales.

El tabaco: pasatiempo, borrachera o veneno del demonio

Cuando el paciente vuelve a su ser tras la ausencia im-
puesta por el humo con que el médico le aturde, «cuenta
muchas cosas, diciendo que ha estado hablando con los
dioses y contemplando grandes visiones»[9]. Girolamo

Benzoni exagera seguramente los efectos de un cigarro anestésico suministrado en algún lugar de La Española a un enfermo necesitado de intervención quirúrgica. Como un antecedente histórico del agua de Carabaña, el tabaco comenzaba ya a gozar por entonces de poderes casi universales, remedio soberano contra todos los males. Así que no es falacia situar en la botica la primera historia pasional del hombre europeo y el tabaco.

En vista de la reiterada ofrenda de aquellas hojas listas para ser chamuscadas, don Cristóbal Colón asegura en su quinta jornada americana, sobre la playa de la isla Fernandina recién bautizada, que «debe ser cosa muy apreciada entre ellos (los indios), porque ya me truxeron en San Salvador d'ellas en presente» [10]. No hay aún *fumata* caribeña y ya se le anuncian brillantes esplendores a aquella hierba, invención de los primeros navegantes transatlánticos y gozo saludable durante siglos de los indígenas que la usan para seducir a las vírgenes, escuchar la voz de los espíritus y viajar hasta el reino de los *zemes*.

Esa calidad del humo que entra en la cabeza por la boca «tan cruel que llega a desmayar», informa Benzoni, se pone de manifiesto en la liturgia exótica de los ritos religiosos, diabólicos y a veces sanguinarios; se manifiesta también en el epílogo de los banquetes, cuando Moctezuma se retira a degustar la delicia narcótica y cae en dulce soñolencia, según narra Bernal Díaz del Castillo. El aprendizaje de los placeres lleva más tiempo que el de los vicios, y los españoles se percatan de los efectos terapéuticos y mágicos del tabaco, antes de entregarse al goce de aquellos humos que distinguían a los señores del pueblo llano en los reinos azteca y maya.

El hábil comunicador Pedro Mártir de Anglería, que mantuvo relaciones privilegiadas con casi todos los descubridores de prestigio y organizó sonados debates en su casa de Valladolid, solicitó cierto día a un indio enviado por Cortés que representara ante sus amigos las costumbres de su tierra. El joven azteca se presentó con un disfraz de borracho y el anfitrión explicó a la concurrencia humanista que aquellas gentes se reúnen a miles y se atiborran de humos enervantes para convencer a los dioses de que les concedan cuanto piden. Ese aprovechamiento ritual debió mover en contra del cigarro al severo fray Bartolomé de Las Casas, quien no se explica «qué sabor o qué provecho le encuentran». Más comprensivo e indulgente se muestra Pomar [11] al ver cómo «la gente política y ciudadana» de los aztecas toma la yerba llamada *picietl* «por humo en cañutos de caña, envuelta con *liquidambar*, porque atestados de ella los encienden por un cabo, y por el otro lo chupan, con que dicen que enjugan el cerebro y purgan las reumas por la boca».

Esa saludable oferta de la farmacia tuvo para los españoles ecos más profundos. El «mal de las Indias», el «mal francés» o «la enfermedad de Nápoles», que tales son los bautizos europeos recibidos por la mortal sífilis, contagió con desmesura a las tripulaciones atlánticas y a los ejércitos italianos y flamencos. Nadie conoce ni el origen ni el remedio de la epidemia apocalíptica, y los médicos ponen en marcha la renqueante máquina de su ciencia especulativa: pues si la calamidad viene del Nuevo Mundo y allí los indios no la padecen tan fieramente como los españoles, que éstos se den a los mismos consumos, por ejemplo... al del tabaco.

Aun con las correcciones a la baja que precisan los testimonios del padre Las Casas cuando se refieren al calibre americano de los vicios de la carne, queda bien establecido que muchos españoles se entregaron prontamente a la lujuria, sin cavilar acerca del peligro de las bubas venéreas, y algunos justificaron de paso el placer de aspirar el humo del tabaco.

Beneficios y desengaños en el uso del tabaco

Un orador desatado con dejes de charlatán de feria parece el doctor Juan de Cárdenas cuando se entrega con arrebato a la tarea de vender las inefables virtudes del tabaco en el primer tratado sistemático escrito acerca de tan pertinente asunto [12]. Y en el mismo corazón del argumento, como prueba definitiva, está la eficacia del llamado *piciete*, aspirado en humo, para remediar «los dolores antiguos mayormente causados» por... ¡el mal francés! El siguiente discurso del profesor Cárdenas tiene el mérito suficiente para ingresar sin objeción y con cadencia de ditirambo en la antología de los mejores textos en favor de la nicotina: «Cuando me pongo a imaginar quién haya sido el inventor de chupar este humo del *piciete*, supuesto que hasta hoy autor ninguno lo ha escrito ni hecho mención de él, sospecho que algún ángel lo aconsejó a los indios o algún demonio; que sea ángel está puesto en razón, porque él nos libra de tantas enfermedades que verdaderamente parece medicina de ángeles; y que parezca ser remedio de demonios también lo está, porque si nos ponemos a mirar al que lo está chupando, le veremos echar por la boca y narices bocanadas de un hediondo humo que parece un volcán o boca de infierno». Habrán de pasar muchos años para lograr alguna mejora de esa estética.

No abandona el ardor al médico Cárdenas hasta terminar la redacción del más amplio elenco de prescripciones que merece el tabaco, útil para sanos y enfermos «en bailes y regocijos, en trabajos y enfermedades»: deshincha el vientre, facilita la orina, acelera el parto, provoca el sueño, aleja a las víboras, quita el dolor de muelas, descarga el cerebro, alivia reumas, ayuda a la digestión y arregla las pasiones y males de la madre. Hierba que merece ser llamada santa es el tabaco para nuestro autor, que

lamenta al final del Segundo Libro de su obra la escasa
publicidad que del mismo se hace.

Ya había hecho por entonces mucho camino la reputación del cigarro como potente afrodisíaco (mas ¿qué vegetal de las Indias no lo era, en vista de la promiscuidad
de costumbres y del erotismo sin convalecencias?),
cuando la Santa Madre Iglesia tuvo que amenazar de excomunión a quienes usaren la hierba abortiva de la que
dio noticia el alcaide de Santo Domingo Fernández de
Oviedo: muchas indias, «cuando se empreñan, toman una
yerba con que luego mueven y lanzan la preñez, porque
dicen que las viejas han de parir, que ellas no quieren estar ocupadas para dejar sus placeres, ni empreñarse, para
que pariendo se le aflojen las tetas, de las cuales mucho se
precian y las tienen muy buenas» [13]. La tierra fructifica al
amor de los trópicos.

El más completo tratado sobre el tabaco y sus virtudes
fue el dado a la publicidad por el doctor Nicolás Monardes en 1580 [14]. Las múltiples utilidades terapéuticas de la
hierba, aplicada en humo o en cataplasma, constituyen un
elenco paralelo al de Cárdenas, aunque reitera los buenos
resultados en el caso de heridas abiertas. A ello refiere el
experimento clínico, ordenado por Felipe II, para probar
que el tabaco es buen antídoto de ciertos venenos. El médico privado del rey, el doctor Bernardo, y Monardes
realizaron el análisis por separado utilizando dos perros.
El desenlace científico fue satisfactorio en ambos casos.
Cabe advertir, en fin, que de las varias maneras aconseja-
das por el médico sevillano para suministrar el tabaco,
sólo una lo es por medio del humo que produce su com-
bustión cilíndrica.

La planta del tabaco estaba ya aclimatada por entonces
en la huerta de la isla sevillana de la Cartuja, y el monje
francés André Thévet acababa de lograr las primeras flo-
raciones en su convento franciscano de Angulema. Pero

Monardes señala que esas cosechas europeas sirven sólo
«para adornar jardines y huertos, para que con su hermosura den agradable vista». La tradición ornamental del tabaco perdura hoy en los jardines geométricos de algunos
castillos del Loira.

La cómoda invención del embajador Jean Nicot

La demanda creciente de tabaco proporcionó pingües
beneficios a los colonos de varias regiones del Nuevo
Mundo al especializarse en el cultivo de ciertas variedades de esa planta. Las primeras denominaciones de calidad aparecen en la crónica de Bernabé Cobos: el de Pa-
pantla en Nueva España y el de Jaén de Pacamoros en el
reino del Perú. Se extiende en la colonia el hábito del cigarro y en Europa prueba fortuna, como ocurre con tales
primicias americanas, en las cortes reales y en los conventos, eficaces pasarelas para la divulgación de vicios y
de virtudes.

El embajador francés en Lisboa fumó en 1559 el primer
cigarro de su vida. Sorprendido por sus efectos, compró
de inmediato cien gramos de aquel producto maravilloso
y lo remitió al palacio del Louvre, a nombre de la regenta
Catalina de Médicis. Esta mujerona, tan ampulosa de carnes como ansiosa de poder, combatió enseguida sus mi-
grañas con aquel polvo lisboeta. El diplomático Nicot
mereció los honores del apelativo, pues el tabaco se llamó
en Francia «hierba de Nicot»; mas el embajador galo no
llegó a tiempo para incluir tal expresión en el diccionario
por él mismo compuesto, el primero de la lengua de Mo-
lière.

La encendida polémica acerca de los beneficios o los
perjuicios del tabaco corrió desde los palacios hasta las
cabañas con el fragor que merece un asunto de imposible

respuesta. El italiano Benzoni dejó dicho que aquella humareda era «pestilencial y nocivo veneno del pueblo». El
sultán de Turquía y el zar de Rusia dictaron pena de
muerte para los fumadores. Luis XIV prohibió el tabaco
en su corte parisina, aunque permitió repartos de cuarte-
rones y de pipas a sus tropas. A mediados del siglo XVII
se fuma durante la misa en algunas iglesias francesas, y el
Papa amenaza con la excomunión a los curas que no apa-
guen la pipa antes de subir al altar. En España se practica,
por una vez, la permisibilidad y la Inquisición no propone
el envío de los fumadores a la hoguera. Los monjes culti-
van con gran celo y entusiasmo la droga controlada en los
jardines de sus monasterios y los ministros de Hacienda
aprovechan las ventajas de la adición creando en todos los
países del viejo continente los monopolios estatales de ta-
bacos y ultramarinos. El círculo del placer sometido a impuesto se cierra una vez más. Esa rara manía de tasar el
gozo hubiera sorprendido, sin duda, al autor anónimo del
siguiente canto mexicano, quien sirvió toda su vida muy
fielmente al príncipe Tlacahuepantzin [15]:

> Ponte en pie, percute tu atabal:
> dese a conocer la amistad.
> Tomados sean sus corazones:
> sólo aquí nos dan prestados
> nuestros canutos de tabaco,
> nuestras flores.

10. La pantofagia. Verdad y utilidades de un hábito
      sorprendente

El mundo se acabará antes de que el hombre dé por
concluida su permanente pesquisa de materiales comestibles, frutos de una enigmática creación en la que él no in-
tervino. En cualquier tiempo y lugar, la oferta es tan am-
plia cuanto lo permiten las floras y las faunas o lo impone
la indigencia; y tan de provecho como lo consienten los
cánones sociales. Comer un pez o una rata depende sólo
de la cuantía de las vituallas que haya a bordo de la nave
expedicionaria. Los católicos han intentado convertir
desde hace siglos a los protestantes, y viceversa; pero el
hambre no tiene religión, a pesar de que la teología se
mezcla muy frecuentemente con los pucheros y con sus
coceduras.

No es cierto que la ingestión de «toda clase de animales
y plantas, hórridas y nefandas» fuera razón bastante para
privar de su calidad de humanos a los indios descubiertos
por Colón: ese era el sabio y leal entender que el mora-
lista padre Francisco de Vitoria enseñaba en su cátedra de

Salamanca mientras un capitán de Cortés se afanaba en doblegar a ciertas tribus del istmo de Panamá comedoras de tierra. Ni siquiera los sacrificios humanos van contra la ley natural, proclama el teólogo tomista que convenció a sus colegas de la universidad salmantina de la conveniencia de posponer los debates sobre si el agua y el vino se mezclaban o no en la consagración. La polémica es ardua y provoca el escándalo, porque los litigantes peninsulares ponen en tela de juicio incluso el derecho de permanencia en América de los invasores. En materia de sacrificios humanos y de incontinencia en la comida —raros son los animales y las plantas que perdona su paladar, informan los reporteros de avanzadilla— los teólogos llegan a la conclusión de que tales prácticas son indicio de la escasa capacidad que los paganos tienen para discernir entre las causas esenciales de la existencia humana. El aislamiento entre los continentes había sido hasta entonces más cabal que el hoy medido entre planetas de distintas galaxias.

Una comisión con sello real formada por frailes de la Orden de San Jerónimo llevó a cabo hacia el año 1517 una esmerada encuesta entre los encomenderos para determinar si «los indios eran o no capaces de vivir por ellos mismos, como lo hacen los labradores de Castilla». Tomando como fundamento de juicio los modos de vida y los hábitos alimenticios de los indígenas, se pone en juego la legalidad de la explotación de mano de obra barata. El resultado fue ecléctico, es decir, conveniente para ambos bandos, el eclesiástico y el empresarial: día llegará en que los hijos o los nietos de los habitantes de aquellas tierras abandonen sus costumbres perversas y sus vicios, como afeitarse la barba, comer carne humana, andar desnudos y comer pulgas, insectos crudos y arañas. Son esos los chocantes desenfrenos que adjudica al aborigen el relator Ortiz ante el Real Consejo de Indias.

Con la experiencia que da haber recorrido en sotana
medio mundo cristianizado y parte del musulmán, aunque nunca América, el capellán López de Gómara se admira de la rara pauta que los aztecas rurales aplican para
seleccionar su condumio. Rechazan el cordero y el ca-
brón, porque les huele mal, según dicen; «cosa digna de
notar, comiendo cuantas cosas hay vivas, y hasta sus mismos piojos, que es grandísimo asco. Unos dicen que los
comen por sanidad, otros que por gula, otros que por
limpieza, creyendo ser más limpio comerlos que matarlos
entre las uñas»[1]. El remate del método tan escaso en lò-
gica es el ditirambo del otro famoso huevo americano,
que se expande con admirable precisión y discernimiento
por decenas de crónicas: el referido al cascarón que rom-
pen los indios con uno de sus cabellos mostrando habilidad de prestidigitadores, como si de tal suerte cumplieran
un rito sagrado o una tradición intangible.

En el mercado de Tlatelolco, de feliz y frecuente visita-
ción, junto a «tanto bodegón y casillas de mal cocinado»
que aborrece el de Gómara se ofrece al feriante exquisito
la más diversa carta de la repugnancia: culebras sin cola,
perrillos castrados, topos, ratones, lombrices y piojos.
Hacen su aparición en la crónica los *geófagos* o comedores de tierra, degustadores del rico cieno de la laguna. No
se ha cumplido medio siglo de conquista y ya prueban
esas «tortas de ladrillo» los encomenderos codiciosos y
los frailes predicadores, por si su consumo redundara en
rentas o en pecado.

Lecciones de cosas: reptiles e insectos dignos de ser degustados

El entomólogo Kenneth Ruddle, de la Universidad de
California, recogió en su valioso ensayo *El consumo de*

insectos: el caso de los Yukpa las más notables experiencias científicas del género. Describe además el método de recolección de veinticinco especies de insectos que practican los *yukpa*, una tribu caribe que habita el territorio fronterizo entre Colombia y Venezuela, cerca de la serranía de los Motilones. El profesor Ruddle supone que la caza del insecto que practican allí las mujeres y los niños apostados en lugares de «espera» es una norma social en vigor desde hace varios siglos. A cada una de las estaciones del año corresponde la batida de un insecto, crecido o en larva. Los cestos de las mujeres *yukpa* se llenan en febrero de *sakaramo*, un ortóptero listo para ser comido crudo o asado; en noviembre y diciembre le llega el turno al coleóptero llamado *eteme*, graso y suculento. Los banquetes de insectos forman parte del ceremonial de nacimientos o entierros. Los *yukpa* ponen a prueba al padre del recién nacido obligándole a soportar el duro aguijón del himenóptero *piowara*, cuyas larvas se mezclan con un potaje de mazorcas de maíz; el plato será degustado cuando el padre de la criatura demuestre suficientemente su estoica resistencia y asegure así la bravura del hijo.

En la isla de Dapa, y más precisamente en el legendario Imperio del gran Paitití, se topó el barón von Humboldt, en su viaje a las regiones equinocciales, con los más experimentados consumidores de hormigas. Refiere el naturalista berlinés cuál fue el delicado tratamiento gastronómico que a los insectos aplicó su acompañante, el misionero Zea, para fabricar con aquellos «vachacos ahumados» un delicioso pastel: «mezcló los insectos aplastados con harina de mandioca y no cejó hasta que aceptamos probar aquella pasta». Tenía un sabor parecido al de manteca añeja, mezclada con molledo, según el avisado paladar del teutón.

El caminante de las cinco mil millas Cabeza de Vaca y sus compañeros Donantes y Castillo andan ya por los pagos del Misisipi[2] cuando les acomete el espanto al contemplar la autoaniquilación de los *iguaces*, porque matan ellos a sus hijas para que sus enemigos no se multipliquen usando de ellas. El hambre de aquellas gentes es tal que «comen arañas y huevos de hormigas, y gusanos y lagartijas y salamanquesas..., y comen tierra y madera y todo lo que pueden haber, y estiércol de venado, y otras cosas que dejo de contar». Tanta voracidad doblega incluso la discreción del cronista, que se ve obligado a confesar «averiguadamente que si en aquella tierra hubiese piedras, las comerían».

El madrileño Fernández de Oviedo, veedor de las fundiciones de oro en Tierra Firme, exhibe sus conocimientos acerca de la buena crianza y empleo de los piojos como si tratara de precisar las calidades de un mineral aurífero. Tras certificar la muerte de esos pequeños animales que anidan con fruición en cabeza de cristianos nada más cruzar éstos hacia poniente la línea de las Azores, apunta que los indios de la provincia de la Cueva los producen en abundancia: «se espulgan unos a otros (y en especial las mujeres son las espulgaderas), y todos los que toman se los comen»[3], y sin dificultad se lo excusan los españoles a quienes sirven.

La retahíla de testimonios sobre la pantofagia generalizada se sucede en todos los cronistas. Pomar[4] descubre en Teotihuacán el pastel de lombrices llamado *ezcauhtli*, «tan delgados y cuajados por su multitud y espesura que apenas se puede juzgar si son cosa viva o no»; y recomienda a sus compatriotas el consumo, los viernes de abstinencia, de unos huevecillos de mosca que se llaman *ahuauhtli*.

La utilidad comestible de los lagartos, de los murciélagos (un bicho muy temido y misterioso para las mentes mesetarias), de los escorpiones y de las culebras se percibe más en esas crónicas de la primera hora porque, como afirma Fernández de Oviedo, los españoles consintieron en ello, «pero después que hubo mantenimientos y ganado se dejaron de buscar». El testigo de turno se asombra las más de las veces por la voracidad del indígena, aunque tampoco esconda su asco. La glotonería de los gigantes patagones, recién bautizados por Magallanes en aquel gélido julio de 1520 es referida por Pigafetta al modo con que esos salvajes «devoraban las ratas crudas, sin degollarlas» [5]. No menor espanto causa al italiano la ingestión de flechas que los patagones tienen como remedio seguro para resolver sin mal una tenebrosa indigestión.

No le da al padre Sahagún cargo de conciencia descubrir al personal lujurioso de la colonia, que se acerca a su confesionario con el alma roja por el pecado de la carne, algunas propiedades del consumo de la serpiente *mazacóatl*, descubiertas por el clérigo en las boticas del diablo cuya destrucción predican los frailes. De la carne de esa culebra «usan los que quieren tener potencia para tener cuenta con muchas mujeres; los que usan mucho, o toman demasiado en cantidad, siempre tienen el miembro armado y siempre despiden simiente, y mueren de ello» [6]. Aunque haya de forzarse el imposible rendimiento de la humana naturaleza, el portavoz oficial de la iglesia mexicana debió establecer la muerte del malvado y recomendar en cambio el gasto de otras carnes de ofidio bien condimentadas con *ají*.

Los muy felices comedores de tierra o geófagos

La leyenda de la *Ardilla Roja* es el patrimonio oral más preciado de la tribu amazónica de los *kaxinauá*. Los habitantes del poblado se nutrían desde hacía meses con sopa de arcilla, porque las plantaciones de *mandioca* estaban secas y era inútil hacer profecías acerca del final de la hambruna. Todas las especies animales habían huido del *barreiro*; los bichos fugitivos se cruzaban en su camino con los más peligrosos depredadores. Todo el *barreiro* era un enormísimo escenario de muerte y destrucción. Llegó al fin la *Ardilla Roja* y confirió al lugar todos sus mágicos poderes; rebrotaron las plantaciones y el barro dejó de ser alimento de hombres y de animales en la aldea *kaxinauá*.

En el *barreiro*, lugar de la *piedra dulce*, comienza la tentación del hombre por la geofagia, afirma Abguar Bastos en su investigación sobre las extrañas prácticas alimentarias en la selva amazónica. La cuenca del río es un enorme depósito de lodos y cienos, cuya variedad de colores y aprovechamientos puso ya de manifiesto el jesuita burgalés Cristóbal de Acuña cuando acompañó en 1639 a Pedro Texeira en la exploración de los ríos Napo y Amazonas. Antes que la putrefacción, etapa última del alimento inútil, los habitantes de la selva virgen prefieren la promiscuidad del barro, para buscar junto con los animales el alimento mineral o «leche de tierra-madre», como lo denominan algunas fábulas de la amazonía.

Las extravagantes costumbres alimenticias forman parte del mito de aquella humanidad feliz que se sirve ya en el siglo XVI en las ingeniosas *imago mundi* con que los viajeros del nuevo continente deleitan a sus lectores del viejo. En su recorrido literario por el mercado de Tlatelolco Gómara y Pomar dan de sopetón con los panes de barro, excremento de piedra, lodo lacustre o tortas de pan de rana, que todo ese nomenclátor se admite para denominar al *tecuitlatl*, alimento muy nutritivo cuya aceptación popular abrió su exportación a otras ciudades del imperio azteca [7]. Pomar establece que este género de comida se hace de unas lamas verdes que cría el lago, «lo cual hecho tortas y cocido, queda con un color verde os-

curo, que llaman los españoles queso de la tierra». El producto se sirve al público en forma de «tortas como ladri-
llos» para cuya degustación por españoles se aconseja
mezclar el pan mineral con salsa de chile.

Al vicio de comer tierra, barro y cacao achaca el médico Cárdenas [8] el mal que sufren algunas mujeres de
aquellas tierras en el tiempo de sus reglas, y «muchas lo
hacen de puro vicio, pretendiendo totalmente con esto
traer quebrado el color, que llaman color de damas.» Con
mayor severidad condena esas frivolidades femeninas el
fraile Agustín de Farfán; comienzan por el inveterado
consumo de golosinas, «tanto de día como de noche», siguen por la glotonería de frutas agrias y culmina en la im-
placable censura que a continuación se transcribe [9]: «Otras
comen tierra de adobes y no dexan tapadera de barro co-
lorado y aun el jarro que no tragan. Y si esto que digo hiciesen sólo las moças, no me espantara tanto; mas las que
tienen las cabeças llenas de canas son más viciosas y más
desregladas... Y no ay enmendarse, ni reparan las pobres
que pecan mortalmente.»

Mudaron la color los españoles hasta el punto de parecer azafranados porque, según creyeron, les empujó la
necesidad extrema a comer culebras y lagartijas. Nunca
les consoló en esto la experiencia de sus semejantes del
otro lado del océano. En el sur de Venezuela, poblado de
Uruana, localizó don Alejandro de Humboldt a los hombres y a las mujeres más omnívoros de la especie, y dictó
el principio general de la pantofagia: nada se mueve o bri-
lla que, por repugnante, no coma un *otomaco*. El profesor
Humboltd y su compañero francés el médico Aimé Gou-
jaud, más conocido por Bonpland, fijaron en seiscientos
gramos diarios la ración de barro que se comía sin pesta-
ñear un *otomaco* en tiempo de crecidas e inundaciones,
por carecer de pesca. La cocina otomaca presenta en
forma de pellas esféricas, llamadas *poyas*, esa costra rojiza

de limo fluvial, fino y graso, cuya elaboración y cocción se ajustan a muy antiguas recetas culinarias.

El jefe de los *iguaces* sigue exigiendo, en algún punto de la geografía humana, que sus súbditos le entreguen las perlas y las espinas de los peces y de las culebras que ellos comen; por si el hambre aprieta y la tribu necesita moler esas sobras y alimentarse del polvo. Causa gran desconcierto reconocer que la naturaleza es generosa en todo tiempo y lugar con los hijos de los hombres.

11.   La discreta armonía de los fogones: especias y aliños de la primera cocina planetaria.

El quebrantado velamen de la *Victoria* arrastra con apuro a través de la liviana claridad matinal cuatrocientos sacos de clavo y 18 héroes que contemplan con inusitada devoción la Torre del Oro. Los mercaderes flamencos acaban de fijar el valor de las especias en nueve millones de maravedíes; el tesorero de la Casa de la Contratación ha encargado ya la compra de doce arrobas de vino y un cuarto de buey de setenta libras. El eminente prelado de la capital del mundo, fray Diego de Deza, dispensa sin pago de bula el cumplimiento de la abstinencia, de rigor en los reinos católicos de Carlos I por ser aquel 7 de septiembre de 1522 víspera de la Natividad de la Virgen.

Hubo en Sevilla *Te Deum*, procesión, banquete popular y peleas de gallos para celebrar el término de las penurias de la primera vuelta al mundo. Los pilotos y los cosmógrafos se reunieron lejos de tanto alboroto para hacer anotación de las nuevas derrotas y metieron el secreto bajo tres llaves. Juan Sebastián Elcano, capitán de la gran circunvalación planetaria, recibió poco después del emperador el primer escudo de armas con identidad ultramarina: el ingenioso heráldico cortesano sembró en campo de oro tres nueces moscadas, dos estacas de canela y otras dos de clavo. Los condimentos y las especias llegadas de los nuevos mundos, que ya cantaban a coro en las ollas del viejo, saltaron un instante de la cocina y quedaron así consagradas en la aledaña sala de blasones.

No habían alcanzado, sin embargo, los fogones peninsulares ninguno de los alimentos americanos que más tarde obtendrían el mayor crédito. El doctor Nicolás de Monardes no había aún iniciado la prolongada averiguación de cómo aclimatar en su huerto de la calle de las Sierpes las primeras matas de tomate, que él mostraría con orgullo a quienes a bien tuvieran asomarse a la tapia.

La ventura variable suministraba ése y los otros frutos ultramarinos sólo a quienes andaban en los esfuerzos de la conquista y de la colonia. De haber tenido ellos conocimiento de las sutiles leyendas locales acerca del origen del arte culinario, aquellos codiciosos soldados hubieran mostrado, quizás, menos desprecio por los guisotes que, en general, se hacían servir por las hembras de los vencidos.

Avisa Claude Lévi-Strauss en su manual de viajero *Tristes trópicos* que en el origen de la cocina se esconden asociaciones maléficas, combinaciones supersticiosas y reglas mágicas cuya primera fórmula es sumamente elemental: comida caliente-comida fría. El distinguido etnólogo cita además, en su inspección del reino urbano de Sao Paolo, el rechazo que practican *mestizos, caboclos y cafusos* a mezclar alimentos de distintas temperaturas, o carne y pescado, o bananas y leche. No parece vano el esfuerzo de hurgar también en la ascendencia de otras gastronomías.

Los espíritus ven a través de los ojos del fuego, las brasas. Los troncos de *palosangre* silban, mientras arden, para agradar a las llamas. Fue imprescindible que una mujer *tillamook* encendiera una fogata en el campo para percatarse de la utilidad de la cocina. El fuego consumió las raíces que ella le entregó; un pez cayó sobre las brasas y la mujer lo comió cuando estuvo dorado. Descubrió ella después a su marido el placer de la comida.

«Hijo, ve y toma una mujer que tenga los dientes mojados y arremolinados los cabellos; que sea bonita y doncella —dijo el anciano maya [1]. Y el cronista da las claves culinarias de la misteriosa receta: el olor del fruto es el de la tierra mojada y su aspecto es de cabeza con trenza.

»Así es la mazorca tierna de maíz (*elote*) cocida bajo tierra (*Pibil*), sentenció el *batab* yucateco.»

La fábula contiene los sólidos fundamentos gastronómicos (naturaleza elemental, manipulación sabia, apariencia mágica e ingestión benéfica) que puede exigir cualquier cofradía de la buena mesa.

Lo cocido, lo asado y lo sazonado. Cortés les mostró amor y ellas le hicieron de su pan

Apenas haber asentado Cortés su pie en las playas de Tabasco contaba ya con un pequeño ejército de cocineras autóctonas, cedidas por el cacique Pitalpitoque «para que le hiciesen pan de su maíz, y gallinas, y fruta y pescado, y de aquello proveían a Cortés y a los capitanes que comían con él» [2]. Sentado a aquella mesa pudo observar de cerca, por vez primera, al singular emisario que le mandaba Moctezuma, Quintalbor de nombre, quien pagó con un escudo de oro del tamaño de rueda de carreta la copa de vidrio de Florencia (labrada con muchas arboledas y monterías) que le enviara Cortés al emperador azteca. Quintalbor, a decir del óptimo fisonomista Bernal Díaz, tenía tal parecido físico con el capitán extremeño que todos se hicieron lenguas de la malicia del gran Moctezuma mucho antes de divisar su laguna y sus palacios.

Las indias de Cortés hacían ya tortillas de maíz para la soldadesca en Tatelulco y Tacuba, narra el cronista medinense, cuando el náufrago de profesión Alvar Núñez dio de cara con los hospitalarios habitantes de la nación de las Vacas[3]. La experiencia manducatoria del escuadrón español es muy exigua, a pesar de que el comandante busque sin desaliento la ruta del maíz salvador. Los de Vacas carecían a la sazón del cereal y de vestidos, como no fueran los cueros de venado con que las mujeres cubrían su breve intimidad. En medio de tanta penuria alimenticia y textil, Cabeza de Vaca se ufana de haber descubierto la técnica de la calabaza a vapor, que sustituye a la olla para cocer unos humildes fríjoles: «hinchan media calabaza grande de agua, y en el fuego echan muchas piedras...; y cuando ven que están ardiendo tómanlas con unas tenazas de palo, y échanlas en aquella agua que está en la calabaza, hasta que la hacen hervir..., echan en ella lo que han de cocer, y en todo ese tiempo no hacen sino sacar unas piedras y echar otras». El cronista dice dejar constancia del trabajoso fogón para que se conozca cuán diversos y extraños son «los ingenios y industrias de los hombres humanos».

La cocina local es tan mediocre que ni los mejor intencionados viajeros de la saga italiana logran llenar medio folio de a cuarto para describir sus virtudes. Los manjares de las *casas de gula* sevillanas son para ellos el paraíso perdido. Los naturales de todas las Américas no muestran interés alguno por los placeres del gusto; sólo les cautiva la consideración ceremonial del banquete, y ninguno de sus catálogos de vicios cita el de la gula. Tampoco el de la lujuria, si su ejercicio no ofende al rey o toca a la república. En las *Guías de confesionario*, manuales bilingües para misioneros con el método infalible para proceder al interrogatorio del penitente, el pecado de gula nunca se presenta como propio del autóctono.

No fue ese hallazgo, el del código simplificado de los pecados capitales, el que menos turbó a los moralistas que ejercían bajo la férula de la Santa Inquisición. En vano se puede predicar abstinencia a quien come mal y poco: «hablo cuando comen a su costa y no a la nuestra», apostilla con sorna andaluza el médico de Cárdenas. Resulta por ello inútil ponerles por modelo de emulación el de la noble Inés de Coronel, cuyo cuerpo yace incorrupto en un convento sevillano, pues quemó ella con un tizón la parte más concupiscente de su carne. Los indios chichimecos, en su parquedad culinaria, prefieren historias sensitivas en las que la flaqueza humana resulta casi siempre triunfadora. El mestizo Alva Ixtlilxochitl recuperó la siguiente de la que, al parecer, fue protagonista una señora que formaba parte de su árbol genealógico: la princesa de Chalchiuhnenetzin se apagaba de soledad en sus cuartos, abandonada de su real esposo; «comenzó a dar en mil flaquezas y fue que a cualquier mancebo galán... daba orden en secreto de aprovecharse de ella, y habiendo cumplido su deseo lo hacía matar y luego mandaba hacer una estatua de su figura» [4]. Cuando la galería de amantes amortajados (mis dioses particulares, decía la princesa a su marido) llegó a ser muy nutrida, el apaño de la noble señora mexica fue descubierto y pagó ella sus lances amatorios con la propia vida.

Vaya el caudal de deleites sexuales por la indigencia en la mesa: esa fue la leyenda que construyeron los primeros cronistas acerca del goce material de los oriundos, una censura más en favor de la primitivísima existencia que, según ellos, arrastraban. Pero la sed de oro no atemperó ni el hambre ni la libido de los visitantes, y a ambas daban satisfacción con la premura que emplea quien se sabe más fuerte.

En La Española dejaron ellos certificado de que la carne de *manatí* es buena, y «con mostaza es casi como buena vaca» [5]. En una costa caribeña dispuesta para la perdición, Amerigo Vespucci observó cómo los nativos, quienes por cierto habían escapado despavoridos, amasaban unos panes de peces pequeños, dándoles antes un hervor y haciendo con ellos una pasta que tostaban sobre las brasas; «lo probamos y encontramos que era bueno» [6]. Pedro Mártir repite en crónica y en carta a Su Majestad la encantadora fragancia de la carne de pavo si su gollete, cuando se asa, está lleno de flores olorosas. El informador nunca pisó América, pero sabía que el Almirante ordenó sajar el cuello del ave para persuadir del prodigio y todos creyeron que la carne del animal absorbe los aromas de las plantas que come.

Entre tantas conjeturas gastronómicas ironiza el doctor Cárdenas sobre la pretendida acción alimenticia de los olores, defendida por su coetánea y declarada adversaria doña Oliva Sabuco: «me atreviera yo a sustentar con solo el olor de una olla a todo un convento de frailes», se burla el médico sevillano que debió experimentar de cerca los vahos garbanceros de la *sopa boba* con que se apaciguaban en su ciudad hambres y levantamientos. Y en el Nuevo Mundo, se pudo comprobar cuán poca aceptación tuvo entre los nativos el arte culinario importado, a pesar de la corta oferta local, mientras sus compatriotas imponían la fe, la ley y el rey a los nuevos súbditos.

Maíz en siete tortas. Recetario abreviado de panes y potajes

Ni siquiera el permanente auxilio de los dioses permitía a los pobladores de las tres Américas, si no pertenecían a la clase noble, disponer de vituallas variadas para su mantenimiento. Los aztecas invocan a los dioses de la caza, la pesca y la agricultura con la puntualidad de las estaciones y de las cosechas; pero la monotonía de la dieta vulgar no mejora por eso. Los habitantes de la capital, junto a los lagos de Tenochtitlán y de Tlatelolco, son los más agraciados. Las pesquerías son abundantes; a los peces de agua dulce se añaden las ranas, las gambas, la volatería y hasta un caviar, el *axayácatl*, elaborado con huevas de una mosca de agua.

El común de los mortales seguía un estricto régimen cereal y se alimentaba de maíz. La fórmula de general aceptación es la del panecillo redondo, descrito ya por Benzoni [7], que las mujeres ponen a cocer al fuego sobre hojas de caña. La masa se obtiene de la molienda, con dos piedras, del grano remojado durante una noche: «las mujeres molineras lo hacen de pie, otras arrodilladas, y no se fijan en absoluto si dentro caen sus pelos o sus piojos».

El plato nacional azteca era el *atole*. Hasta siete especialidades del mismo cita Juan de Cárdenas [8]: *atole blanco*, elaborado con sólo maíz cocido con cal; el *yólo*, alma y sustancia del atole; el *xocoatole*, o atole agrio, masa de maíz pasada por cedazo; el *chilatole*, la misma masa mezclada con chile; el *exquiatole*, maíz con fríjoles... El método de elaboración de todas estas especialidades de *atole* es similar: los granos de maíz se ablandan con agua templada, se hierven durante unos minutos y se enfrían para que pierdan la piel. Se mezclan, escurridos, con el producto de compañía y se hierven de nuevo.

La otra ración cotidiana de maíz era ingerida en forma de tortillas por los súbditos de Moctezuma. Los nobles se deleitan con el *tlatonqui*, supremo placer en finas bollas del divino cereal amasadas durante veinticuatros horas y cocidas sobre un *comal* o plato de cerámica. El padre Sahagún describe las calidades, los colores y los gustos de una decena de tortillas, sobre las que a veces se colocaban rodajas de tomate, chile y otras verduras de la tierra. Las mazorcas de maíz tierno, *elotes*, eran la base para confeccionar una sopa no despreciable, a la que a veces se añadía carne a discreción. El *mole* convocaba verduras (judías, tomate) y otorgaba un intenso tono rojizo al potaje.

Completa el recetario del maíz la torta denominada *tamal*, una gruesa empanada cocida entre hojas y rellena de verduras variadas y de carne de ave, de pavo o de perro. Los incas las preferían dulces y las llamaban *arepas*. Y en virtud de la más estricta tradición agraria del Imperio del Sol, sobre las terrazas andinas se cocinaba también un alimento singular llamado *toco*: durante cuatro meses se enterraban mazorcas y papas que habían sido previamente desecadas; un riego frecuente aseguraba una cierta fermentación controlada, de la que resultaba el exquisito manjar.

El *chuño* y su más noble especialidad, la *moraya*, menos amarga, eran el alimento cotidiano de los incas. Además de esos tubérculos, cuyas técnicas de conservación siguen admirando aún hoy a los expertos, la estera sobre la que se ordena el ágape contiene *quinoa*, calabazas, habas, pimientos, aguacates y otros materiales traídos de la selva o de la costa. Mas el principal mantenimiento andino es la *papa*, en sus mil y una formas, colores y aliños que describe Garcilaso en sus *Comentarios Reales*: la *oca* es dulce y se come cruda; la *apichu* es colorada o amarilla, y el *añus* es amarga para dar credibilidad a su leyenda de «ser comida contraria a la potencia regenetativa». Pero los jóvenes pueden librarse de esa mala virtud tomando en la mano una vara mientras comen el *añus*.

Los incas apenas comían carne, y la de ciertos animales, como la lama, estaba vetada a quienes no pertenecían a la camarilla del rey. Tenía éste el privilegio del consumo de añojos de llama, cuyo bandal se estiraba en lon-

chas finas apretándolo entre dos piedras. La excesiva
edad del animal y su digestión de hierbas amargas podían
echar a perder esa deliciosa carne, que el Inca entregaba a
veces a su pueblo para ser disecada y convertida en *char-
qui*. Los reverendos Acosta y Cobo nos han transmitido
varias recetas de la olla local surtida de viandas animales.
La más reputada, el *locro*, era una mezcolanza de carne
seca y cocida con patatas, pimientos, harina de papa y pimienta; y el *chupi* que reunía toda la corte comestible:
cocido de carne y pescado, maíz, papa y verduras. La
sartén no existía en la cocina inca; tampoco los aztecas
lograron freír los alimentos, por desconocer la utiliza-
ción de las grasas a tal fin. Con el aceite de *chía* [9] untaban
las estatuas de los dioses para «preservarlas de la injuria
de la lluvia», y añadían mantecas y sebos a la olla para
cocer ciertas viandas. Señala, en fin, el inspector de primera fray Bernardino de Sahagún que los aztecas comían
algunas flores...

Ninguno de esos secretos maravillosos de las Indias
prosperó en tierra de cristianos. Los productos que pasaron el océano fueron sometidos a una adaptación agrícola
y a otra culinaria no menos rigurosa. Cien recetas dicen
tener los franceses para cocinar la patata, y a pesar de su
competencia bien probada, los incas no llegaron a suponer que del tubérculo se podría obtener vodka. El maíz
perdió en el Viejo Continente casi todas sus propiedades
gastronómicas, hasta que irrumpieron las modernas invasiones vegetarianas.

Cabe señalar, quizás, una sola mejora, harto original,
en ese primigenio proceso de fusión de las gastronomías:
la que obtuvo el español que sirvió por vez primera el
chocolate caliente, según afirma Torquemada. Durante
decenas de generaciones, los maestros chocolateros mayas, y después los aztecas, habían utilizado el mejor cacao
añejo para la mezcla suprema con especias y azúcar, mas

nunca osaron calentar el caldo. No se había experimentado aún tal alteración en esa bebida, tenida como digna de los dioses cuando Hernán Cortés viajó a la Corte en 1528 para reivindicar su marquesado. El conquistador trajo en su baúl, junto a los otros tesoros aztecas, la secreta fórmula del chocolate que debió sustraer a la derrotada servidumbre del gran Moctezuma:

24 onzas de cacao - 26 onzas de azúcar blanco - 2 onzas de canela en rama - media onza de clavo - 14 granos de pimienta - 3 pepitas de vainilla - 1 avellana - almizcle, ámbar gris y agua de azahar.

Despensa y botellería en el ágape cotidiano de Moctezuma

Cuatro doncellas sirven al gran Azteca el agua pura y presentan las toallas blancas para las abluciones antes y después de cada comida. Bernal Díaz del Castillo acaba de cumplir veintitrés años cuando contempla por vez primera la escena y se conmueve, porque ese ritual le recuerda la misa solemne en la Colegiata de su pueblo natal, Medina del Campo [10]. El mozo eleva a veinte el número de esas «concubinas más hermosas y gratas... que llevan al señor agua con señalada humildad y reverencia». La corte de Moctezuma supera en solemnidad a las de sus contemporáneos cristianos y musulmanes, sobre todo cuando el monarca se sienta en una pequeña banqueta y se dispone a probar alguna de las delicias que le presentan unos cuatrocientos mancebos.

No sin un punto de envidia describe asimismo la escena Hernán Cortés [11]. La carta variaba ligeramente con las estaciones del año, por contener cada día todos los manjares disponibles en palacio, «así de carnes como de pescados y frutas y yerbas que en toda la tierra se podían haber». Se acumulan las viandas en una gran sala, y a Cortés le interesa especialmente el aparente lenguaje de relaciones privilegiadas que el jefe azteca mantiene, tras ese ir y venir de bandejas, con algunos de sus súbditos. Cinco o seis ancianos, jueces y consejeros, recibían de manos del rey los platos de su predilección. Cuatro señores de la alta nobleza formaban la escolta en la mesa, y esperaban pacientemente su turno para degustar algunos de los alimentos.

Suenan dulces músicas de flautas de caracol y hueso; retozan los enanos y los jorobados cuentan chirigotas, y cuando el rey «había saciado su hambre y se habían quitado las mesas, bromeaba plácidamente con un truhán... hasta que se anunciaba que era llegado el tiempo de la comida pública, cuyos manjares condimentaban los mayordomos». La coral del paladeo estaba formada por varios cientos de aristócratas de menor alcurnia que llenaban desde el amanecer los patios aledaños y que recibían el condumio de manos de los maestresalas. Se reservaban también raciones para los pobres y huérfanos de la ciudad.

La ostentosa exhibición gastronómica oculta las apetencias personales del ilustre comensal. No hay razón para dudar de la veracidad de Pomar cuando atribuye al más noble azteca la humilde afición por las tortillas de maíz finas y recién cocidas llamadas *totanquitlaxcallitlaquelpacholli*. La nomenclatura aplica ya de seguro la pauta de la ocultación lingüística que practican hoy los restaurantes de mayor celebridad...

Los navegantes, que tanto temieron la travesía hacia Cipango a través de la nada, nunca imaginaron que en el camino habían de encontrar tantas muestras de opulencia muy reservada. A pesar de que los dioses no habrían aún de morir, el poder del gran Azteca se desmoronaba

ya ante la proximidad de otra dominación. Los hombres
son más proclives a comtemplar el ocaso que el amanecer, porque sólo cuando el sol se va dan indicio las nubes del tiempo que hará al día siguiente, e incluso dentro
de un año.

12. Banquetes para conjurar la hecatombe y ayunos en el Colegio de Cálmecac

Se acercaron al altar todos los pueblos, con las manos repletas de panes, viandas y paños, para apaciguar las iras de los dioses en los trances de vida o de muerte. Estos ofertorios en nombre de la humanidad a Tlaloc, Xipe Totec y Viracocha eran el precio de la estabilidad del mundo, porque sólo el humo de la coca, la comida opulenta y la sangre derramada sobre el ara pueden calmar a las deidades su incontenible sed de muerte. El templo es el ámbito natural de ese comercio con los hambrientos inmortales, y los días de fiesta, el tiempo más propicio para fijar el precio de la prosperidad solicitada.

El sol y la luna, la noche y la lluvia, al igual que los hombres, son esclavos de esos caprichosos dioses de cuya voluntad dependen la comida y la bebida que ellos mismos han de recibir. «Con la boca llena yo te alabaré, Señor antiguo y lejano, excelente Señor; con la boca vacía por el ayuno te cantaré con voz de ruiseñor». El salmo lírico pertenece a la colección de odas incas legadas por el recopilador Cristóbal de Molina. La comida y la bebida sirven para aplacar la permanente ira de los sobrenaturales seres que tientan sin descanso la perdición de los hombres y la destrucción del mundo. El terror ritual que culmina con el sacrificio de niños, esclavos y prisioneros tiene su fundamento profundo en la certeza humana de la proximidad del final de la vida, de la provisional existencia. Los dioses han de ser alimentados perpetuamente, para regenerar el cosmos y asegurar así los ciclos de los astros y de los meteoros.

Ni la paciencia franciscana ni el radicalismo dominico obtuvieron una pronta victoria sobre la idolatría reinante a los costados del ecuador americano. Aquella operación de reemplazar una religión por otra ha sido la de más amplio calibre, en su género, de las ensayadas por la humanidad hasta nuestros días. Quienes ahumaban a sus ídolos quemando coca o calmaban sus cóleras reventando el pecho de los cautivos pusieron mucho inconveniente en aceptar una fe cuyo incienso les asfixiaba y conmovía los puntos cardinales de su universo marcados por cuatro cedros. Y sin embargo, nada hay más parecido a una cristianísima acción de gracias por la buena cosecha que una fiesta de recolección incaica; ni la procesión con santo sobre andas para pedir lluvia tiene otro mejor parangón que la romería en honor de Tlaloc. Hay, sí, coincidencia en las formas, pero las conciencias discrepan: el sol pedía víctimas para fortalecerse, y el agua sólo bajaba del cielo o brotaba de la roca cuando el amo de su ciclo vital había bebido la sangre de tres niños. Los misioneros proponían sólo una comunión *sub specie* en esa sagrada mesa dispuesta para el encuentro culminante de los hombres y con los dioses. En el altar éstos se vuelven mortales y aquéllos hacen méritos para adquirir el grado de la inmortalidad.

«Hubo gran mortandad de dioses en Teotihuacán». La

cultura nahuas presenta así el trasfondo del intercambio entre ambos flancos del mundo. La vida sólo es posible cuando se fusionan las dos componentes del universo: la divinidad estricta e inmaterial y la materialidad en bruto, de la cual han de consumir los dioses para salvarse de la nada; cuando las dos fracciones se funden nace la vida y el pensamiento: el hombre.

La agricultura, considerada como fuente de todas las desgracias y los remedios pertinentes

Con mucha devoción procesionaban los mayas al dios *Bolonzacab* en los años cuya letra dominical era *Kan*, según refiere el obispo Landa en su Relación [1]. «Hacían muchas ofrendas de comidas y bebidas, de carne y pescado, y repartían estas ofrendas a los extranjeros que allí se hallaban, y daban al sacerdote una pierna de venado». El ambiente era de fiesta gozosa hasta que algunos decidían sajarse el lóbulo de la oreja, sangrarse sobre una piedra y hacer con el fluido rojo corazones de pan de maíz y de pepitas de calabaza. A aquel aciago negocio se ponía fin con el sahumerio del ídolo que el sacerdote practicaba incinerando en pote de oro cuarenta y nueve granos de maíz. Para restablecer el universo a sus simetrías, aquel dios que dominaba la parte del mediodía se apaciguaba y ejercía su omnipotencia durante la entonación de cantos y la libación de la bebida *piculakakla*, confeccionada con cuatrocientos quince granos de maíz tostados.

El atabal azteca sonado por un niño tenía la potestad de convertir la bolla de maíz en carne divina [2]. La celebración tenía lugar por noviembre, los músicos tañían su flauta ante el pan sagrado y «se tornaba en carne de *Tezcatlipuca*, que era el dios o el demonio que tenían por mayor, y a quien más dignidad atribuían». Sólo los muchachos eran llamados a tal comunión, y los misioneros no desaprovecharon la aparente analogía para convencerles de las excelencias de su misa incruenta. Menos fortuna tenían esos niños cuando eran destinados a aplacar al dios de la lluvia; eran cuatro las víctimas infantiles, de cinco o seis años, las que perecían encerradas en una cueva, cuya puerta tapiaban los sacerdotes de mayor dignidad y más largas y sucias crenchas. El pacifista fray Toribio de Benavente se encalabrina contra esos «ministros papas, pudiendo con mayor verdad llamarlos crueles verdugos del demonio»[3], porque pretenden frenar de tan bárbara manera las rabias que Tlaloc demostró dejando sin maíz a los aztecas durante cuatro años de sequía pertinaz. El fraile recobra apenas el aliento para contar que, aun en temporada de conversiones en masa, los indígenas conservaban la costumbre de ofrecer comida, *atuli* e incienso de *copalli* a un dios desconocido para convencerle de la conveniencia de completar la cosecha del maíz, cuyas cañas tiernas se envuelven en mantas en ocasión de tal ofrenda. La bebida y el baile duran toda la noche y los maizales, según la creencia local, quedan perfectamente asegurados contra los riesgos de sequía y pedrisco.

A esa misma divinidad ignota, poderosa maestra del universo agrícola, ofendió con voluntad el conquistador Cortés cuando echaba a Moctezuma los primeros tientos del pulso más emocionante que se interpretó en aquella América madura para su invasión. Se llenaron los ojos del extremeño astuto con aquel bulto del dios de las sementeras y de las frutas, medio hombre, medio lagarto, cuyo cuerpo cubrían todas las semillas de la tierra, según interesada versión bíblica del medinense Bernal Díaz[4]. La sangre cuajada de los hombres sacrificados, los corazones en proceso de incineración, «las bocinas y trompetillas y navajones» y demás utensilios rituales encienden el asco y la cólera de los soldados barbudos, algunos con bubas,

que bajan de dos en dos los ciento catorce escalones que
separan el altar de la tierra. Cortés invoca a la Santa Cruz,
a la Virgen y a Su Majestad imperial para maldecir tanta
carnicería. Y ésta fue la agria respuesta del gran orador
ofendido: «Señor Malinche: si tal deshonor como has dicho creyera que habías de decir, no te mostrara mis dioses. Aquestos tenemos por muy buenos, y ellos nos dan
salud y aguas y buenas sementeras e temporales y vitorias
cuantas queremos, e tenémosles de adorar y sacrificar; lo
que os ruego es que no se digan otras palabras en su deshonor». Hubo empate en los discursos y por esta vez los
protagonistas se separaron sin mayores ofensas. Estaba ya
cercano el momento de la repartición de torres, palacios y
barbacanas entre los conquistadores y el consiguiente de-
rribo de aquel templo en cuyos cimientos encontrarían
oro, plata, piedras preciosas y semillas sagradas los albañiles que se encargaban de sustituirlo por otro dedicado
al señor Santiago, alzado en el epicentro ceremonial de la
plaza de Tlatelolco. El ídolo *Texcatlipuca* y sus congéne-
res, dioses de sequías, hambres, esterilidad y pestilencia
perdieron sus tronos y sus sacerdotes murieron de hambre en el monasterio saqueado.

Las mozas de la penitencia estaban encargadas de «dar
de comer al ídolo», refiere el padre Acosta en su atormentado informe sobre las mil y una perversiones idolá-
tricas en México y Perú. Eran doncellas de doce o trece
años, trasquiladas y con voto de castidad impuesto, que
se levantaban al alba para cocer las tortillas de maíz y los
guisotes que presentaban a la estatua inerte y que comían
con escasa avidez los sacerdotes mañaneros. Era aquella
comida de limosna «unos bollos pequeños, en figura de
pies y manos, y otros retorcidos, como melcochas». La
honestidad y limpieza en que vivían estos monasterios
contrasta con el furibundo combate del sacrificio, al que
se entregaban los sacerdotes al principio de las fiestas y al

final de las batallas victoriosas. Esas monjas mexicas eran portavoces de la diosa Toci, cuando el monasterio a ella dedicado fue destruido por el fuego, y la abadesa, con la asistencia de su comunidad, se vio impelida a predecir grandes males para el imperio del déspota Moctezuma. Cuatro años después se presentó Cortés en el puerto de Veracruz, y la profecía de las monjas cocineras se cumplió. Aquellos ídolos que el conquistador encuentra, fabricados según dice moldeando el engrudo que forman los granos y las legumbres con la sangre de los inmolados, serán pronto destruidos para dejar el terreno libre a la consagración incruenta del pan y del vino. La autoridad se reorganiza en torno al templo, una vez que los vicarios celestiales antiguos han caído bajo la espada y comienza el desfile hacia el baptisterio de conversos con mediano convencimiento.

En Perú corren tiempos de menor preocupación, y la fe panteísta deja mayor espacio a los súbditos del Inca para entenderse con el más allá. Lo cual origina en el espíritu clásico del jesuita Acosta un torbellino de insultos, ya que «es cosa que saca de juicio la rotura y perdición que hubo en esto: porque adoran los ríos, las fuentes, las quebradas, las peñas o las piedras grandes, las cumbres de los montes que ellos llaman Apachitas» [5]. Y a esas altas cotas se va el pueblo llano a ofrecer maíz, coca y plumas, en los cruces de los caminos, para obtener la protección de los dioses.

Los temporales benéficos y la salud pública dependen de los ofertorios de seres sensibles, de animales y de hombres, resume con cierta prisa y desapacible espíritu el padre Acosta. El alimento es, como de costumbre, el pasaporte ideal para merecer la benevolencia de los dioses, aunque los ramos de coca adquieren la más alta cotización en ese mercado de favores divinos; al menos eso creía la competencia, los padres conciliares que para estirpar la idolatría se reunieron en Lima en 1583. No les asustan ya los sacrificios humanos, que han cesado, sino el panteísmo generalizado entre los indios, cuyo ejercicio tiene, por ejemplo, como «ofrenda no menos donosa tirarse las pestañas y las cejas y ofrecerlas al sol»; o como objeto predilecto las *papas* de formas extrañas a las que todos besan y adoran como reliquias divinas.

El gran reloj solar del universo

Al oeste de Cuzco, en la colina Sucanca cercana a la *chacra del rey Thupa*, los albañiles imperiales alzaron cuatro torres de piedra, por orden de Pachacuti, para fijar el día más propicio de sementera. Las dos torres centrales podían divisarse desde la plaza de Cuzco, e indicaban el momento propicio para preparar la semilla cuando el sol se alineaba con ellas a poniente. Los sacerdotes acechaban después, en cada ocaso, la progresión de las sombras y anunciaban que la tierra estaba dispuesta para recibir el grano cuando las otras dos torres proyectan líneas convergentes en el inseguro meridiano del crepúsculo. En las tierras feraces se advierte menos que en las pobres la idolatría y la superstición, porque sólo en éstas tiene el observatorio su función garantizada. Lo adverso de la climatología andina exigió siempre gran actividad astronómica, y los sacerdotes se preocupaban porque sus informaciones celestes se difundieran con premura para asegurar las cosechas y la cuota de excedentes que el Inca solicitaba. Los sacerdotes de la iglesia estatal mostraron gran eficacia en esa tarea de inquisición sobrenatural, cuyos calendarios y cuadrantes solares alcanzaron la perfección más notable de aquella civilización parida por una cordillera.

El Inca se presentaba al amanecer con los pies descalzos ante los capitanes y los *curacas* venidos de todos sus reinos para dar noticia del año nuevo. Los brindis por la gloria del Sol y de su hijo mortal se sucedían durante nueve días. El cronista Garcilaso describe en el tomo debido a un hijo honrado el alzar de copas, los besos al aire de los embelesados asistentes, la selección de honores y privilegios y la felicidad de la nación [6]. La novena de aquella fiesta *Raymi* era de abundante comer y mucho beber; la estabilidad de su dilatado imperio dependía en gran medida de la habilidad con que el Inca repartía la copa de las libaciones entre sus súbditos o recibía las que le hacían llegar. «El los recibía con grande afabilidad, y tomaba los vasos que le daban...; de algunos bebía un poco, tomando de unos más y de otros menos, conforme a la merced y favor que a sus dueños les quería hacer según el mérito y calidad de ellos.» El método de tal gobernación demostró su eficacia en un reino que desconocía perfectamente la fortaleza de la ley escrita. Los cálices tocados por el rey se conservaban como cosa sagrada y los jerarcas regresaban a sus regiones con los papeles en regla o su autoridad caída en desgracia.

Cien carneros blancos, castaños o pardos (llamas) son sacrificados en cada una de las fiestas mensuales para solicitar que la tierra sea feraz y que la abundante lluvia empuje la nacencia de la simiente. El Sol exigía el sacrificio de llamas blancas, Viracocha prefería las negras y el Trueno pedía las manchadas. La carne de tan cromado animal era consumida sólo por el Inca o por la jerarquía militar y religiosa. A veces la comunión popular de los panes elaborados con la sangre del sacrificio se confunde con sonadas borracheras. La proximidad de una guerra suprime los excesos litúrgicos y exige una ceremonia más elemental: ofrenda de llamas en ambiente de ayuno y quema de pájaros en el sacrificio llamado *cuzcovicza*, una hoguera de espinos en la que perecen las avecillas capturadas en la *puna*. El humo transporta en su seno fugaz los mensajes y el pueblo del Sol reafirma su preeminencia sobre los otros.

El provecho del maíz llega a su esplendor con motivo de la fiesta de *sitowa*, una plegaria colectiva que se eleva al Sol tras el invierno para asegurar la salud de los cuerpos. Con una pasta de maíz llamada *sanko* se embadurnaban por completo los hombres y las mujeres, cubrían con aquella argamasa las ropas y las puertas y enviaban también la loción a sus muertos, para que también ellos se libraran de las enfermedades en la otra vida que habitaban. Los jorobados y los tullidos eran expulsados sin remordimiento de la ciudad para evitar la contaminación de sus defectos, y los perros eran encerrados para que no molestaran con sus ladridos.

La gran plaza de Cuzco se llenaba de estatuas de dioses y de momias; en el ambiente de delirio, también ellas eran cubiertas con la benefactora pasta. —Que se vayan todos los males. Enfermedades, tristezas, desgracias, salid todas de nuestra nación... En medio de las imprecaciones, los guerreros soltaban al aire temibles lanzadas y algunos salían despavoridos de lugar poblado para espantar a los males invisibles hasta llegar a las cuatro esquinas del imperio. Clavaban sus armas a cinco o seis leguas de la ciudad y las calamidades eran así encerradas en sus justos límites. El acto final de la purificación, precedido por grandes banquetes, consistía en un baño general: las aguas frescas del río arrastraban la pasta de *sanko* y con ella todos los males, hasta el mar.

El toma y daca agropecuario se repetía puntualmente con motivo de cualquier señalamiento de interés social. El joven inca era iniciado como campesino cuando por vez primera se le cortaba el pelo y recibía semillas de maíz. Una boda exigía el intercambio de granos del sagrado cereal y la cocción de su harina: «quemábanlo todo con mucho fuego que atizaban los esposados hasta que se encendía la olla, y en viéndola con fuego decía el padrino que ya estáis casados». El noviciado maya comenzaba por la tonsura, con cuchillo de piedra, que el sacerdote practicaba en los mozos y las mozas destinados a ingresar en sociedad. «Tras esto iban los demás ayudantes del sacerdote con manojo de flores y un humazo que los indios usan chupar y amagaban con cada uno de ellos nueve veces a cada muchacho y después dábanles a oler las flores y a chupar del humazo» [7]. Incineración de granos de maíz, unciones con agua de cacao... El oficiante preguntaba a ellos y a ellas si habían cometido algún tocamiento feo, con el fin de proceder a su perdón. Al fin, las madres daban de comer con frugalidad a los nuevos reclutas y satisfacían, hasta el pecado, las ansias de vino que manifestaba un cierto oficial llamado *cayom*. Acababa la celebración con un banquete desmedido, cuando a las muchachas se les quitaba «la conchuela que traían en la puridad», señal de que podían ser esposadas. Quedaba así consumado el bautismo del cuerpo y listo para la procreación.

La bebida de cacao es la única permitida en las bodas mexicas, en razón de la pureza ritual y del interés de los contrayentes. La novia, bien bañada y con las quijadas cubiertas por bellísimas plumas de ave, es trasladada a hombros de mujeres hasta el domicilio nupcial [8]. El casorio se iniciaba con el suministro de cuatro bocados que los contrayentes recibían de sus respectivos suegros. Luego, «los llevaban a una habitación a acostarse, donde (como ellos mismos lo estimaban) poseídos de una casta Venus, pasaban una noche alegre». La ceremonia no surtía efectos civiles si el joven encontraba que la mujer no estaba intacta.

El laboratorio del templo azteca era más embrollado, según el jesuita Acosta. Perder el temor de la sangre y cobrar ánimo para el sacrificio sangriento requería unciones particularmente innobles, compuestas por tiznes y betunes

de difícil confección, porque la materia prima eran las
presas de una caza de «sabandijas ponzoñosas» con as-
queroso aspecto y pelos y vientres cargados de venenos.
El ungüento con el que se pringaban las pelambreras sa-
cerdotales se componía de ceniza de arañas, alacranes, salamanquesas, ciempiés y viborillas; «la cual echaban en
unos morteros con mucho tabaco (que es una hierba que
esta gente usa para amortiguar la carne)... con algunos
alacranes y arañas vivas, y cientopiés, y allí lo revolvían y
amasaban, y después de todo esto le echaban una semilla
molida que llaman *ololuchqui* que toman los indios para
ver visiones» [9]. Esa compota se derramaba en ollas muy
aparentes que colocaban delante de los dioses, porque
aquélla era su comida. Una furia sobrenatural invadía los
pechos de aquellos papas, cuya horripilante facha ahu-
yentaba a las fieras del bosque cuando aquéllos se dispo-
nían a la ejecución de sacrificios. La cólera que descendía
de los cielos sólo pudo ser medida en unidades de sangre
derramada desde que el final de los tiempos había sido se-
ñalado por un cometa.

Las secretas energías de ayunos y abstinencias

En la región del aire, los dioses contabilizan los méritos de los hombres para justificar su propia conducta.
Los adoradores de *Quezalcoatl* quisieron levantar un
templo tal alto como la Sierra Blanca, en la ciudad de
Cholula, para obtener quizás mayor audiencia de sus
ayunos y sacrificios. El cura López de Gómara usó de su
mejor ingenio de cronista delegado para describir aquella
construcción y su ruina: un rayo en forma de rana venenosa arrasó la cima de la inmensa fábrica que ya casi alcanzaba el cielo, y sus arquitectos supieron así que tal fábrica desagradaba a los dioses. Hubo ayunos y

penitencias y el dios no envió sobre aquella antena otros mensajes.

En época de tráfico de indulgencias romanas y de bulas para la dispensa del ayuno cuaresmal, los misioneros que observaron esas penitencias, retiros y abstinencia sexual entre el clero indígena no lograban explicarse, entre tanta maldad, la sinrazón de esas prácticas de purificación. Las Casas da fe de que «en aquella Isla (Cuba) los behiques o sacerdotes o hechiceros ayunaban cuatro meses y más, continuos, sin comer cosa alguna sino un cierto zumo de yerba». Lo más seguro, arguyen los primeros teólogos sobre el terreno, es que el diablo quiera imitar a Dios, en su malévolo proyecto, e incite al ayuno de infieles con nefandas intenciones. Causa también desconcierto la costumbre del vómito purificador que encontró Pedro Mártir de Anglería en el relato de un informador caribeño.

Jura por su vida el príncipe mexica y pasa en riguroso ayuno los cuatro primeros días de su alta dignidad; bebe sólo agua simple, no se acerca a mujer y para gastar su tiempo y sus energías prefiere meditar sobre la grandeza y mejor gobierno de su pueblo. El capitán electo de los mayas llamado *Nacón* vivía como un espartano en Yucatán durante los tres años que le duraba el cargo, según relata el docto obispo Landa: no debía «conocer mujer ni aun la suya, ni comer carne; teníanle en mucha reverencia y dábanle a comer pescados e iguanas que son como lagartos; no se emborrachaba en este tiempo y tenía en su casa las vasijas y cosas de su servicio, apartadas, y no le servía mujer y no trataba mucho con el pueblo» [10]. No es idílica la existencia del guerrero incluso en períodos de paz. Mas si el sol surge a veces desfallecido de resultas de su travesía nocturna por las tinieblas del interior de la tierra, el *Nacón* sale siempre fortalecido de su trienio gracias a esas privaciones muy idóneas para empresas bélicas.

En toda la geografía ritual americana, la religión pone a dieta temporalmente a clérigos y civiles; se suprime antes de las grandes fiestas el uso de la sal y de la pimienta y se recomienda a los fieles abstenerse de las relaciones sexuales. Ochenta días dura la penitencia clerical los años bisiestos antes de la fiesta de *Quezalcóatl*. «Se encierran los *tlamacazques* en las salas del patio del templo con sendos braseros de barro, mucho incienso... No se levantan sino para hacer sus necesidades; no comen sal ni ají, ni ven mujeres; no duermen en los primeros sesenta días más que dos horas a prima noche y otras tantas a primo día» [11]. El ayuno divino o *teouacanense* era practicado por cuatro jóvenes, en nombre de todo el pueblo, durante cuatro años. «Comían al mediodía una tortilla de maíz sumamente pequeña y delgada, con una exigua cantidad de *atole* y jugo de *maguey*» [12]. Si alguno de ellos era sorprendido yaciendo con mujer, era apaleado, muerto y reemplazado por otro, aunque el desarreglo era premonitorio del fallecimiento de algún noble señor.

A pan y agua ayunaban los huéspedes del famoso Colegio de Calmécac, cuya vida de contemplación recoge en su crónica tardía de la Nueva España el médico Francisco Hernández. Los baños a medianoche, las azotes con ortigas y las punciones de los lóbulos y del pene favorecían en notable medida su destreza en la adivinación («aquella parte de la astrología que da respuesta a las cosas futuras y predice los acontecimientos lejanos») y en la interpretación de sueños.

El preciso calendario de ayunos mayas elaborado por el prelado Landa, reputado etnógrafo y severo inquisidor, comienza con el que sirve de preparación al año nuevo. El régimen se repite: abstinencia de mujeres, de manjares, de sal y de pimienta, «lo que era tenido entre ellos por gran penitencia». Los sacerdotes atenuaban el rigor consumiendo en los incensarios ingentes cantidades de pelotillas de incienso embriagador, para dar de oler al hambriento.

Más comedidos eran también en esto del ayuno, como en el capítulo de sacrificios, los súbditos del inca. Para convencer al gran Hacedor, al Sol y al Trueno de su largueza de ánimo, todos ayunaban durante dos días, antes de la fiesta del *Itú*, y se privaban de mujeres, sal, *ají* y *chicha*. Para mostrar más persuasión y mayor pedicamento penitencial solían vagar durante semanas por sierras y valles, azotándose con ortigas; y en los casos extremos, sacrificarse «despeñándose de algún risco, que todos son embustes del que ninguna cosa ama más que el daño y perdición de los hombres» [13]. La ordinaria ascética consistía, empero, en un ayuno de varios días relacionado con el ciclo del maíz. Para que «hubiese comidas», los sacerdotes *Tarpuntaes* se privaban de alimentos hasta el día en que la planta asomara al menos un palmo de la tierra, y en esa mortificación eran acompañados por sus mujeres e hijos.

En todas las latitudes americanas, desde el Caribe hasta la Cruz del Sur, el resorte del poder religioso para enfrentarse a urgencias de desorden profundo o para corregir las consecuencias del pecado es el de recomendar penitencia. Ayunan marido y mujer cuando les nacen gemelos en Perú y también si su hijo sale del vientre materno con seis dedos en una mano o le falta alguno de sus miembros. Las señales de contrariedad que mandaban desde el cielo aquellos insaciables dioses sólo podían ser corregidas por el dolor o la muerte; aún hoy el cristianismo que fructificó en América, tras aquella intensísima exportación europea, es el más milagrero e intervencionista de los que se gobiernan desde Roma.

Vituallas de urgencia para la vida eterna

En el Perú incaico, los familiares suministraban una vez al año a sus difuntos los alimentos y los platos por los que manifestaron en vida mayor predilección. Las plañideras, con enormes bordones en las manos, se entregaban a la húmeda tarea de recordar las virtudes y querencias de sus antepasados, mientras los parientes traían a la casa del muerto toda suerte de carnes, maíces y verduras. Los funerales que celebraban en Callao, descritos en detalle por Cieza de León, son una bacanal bien organizada: «En los días que lloran a sus difuntos, antes de los haber enterrado, del maíz suyo o del que los parientes han ofrecido, hacían mucho de su vino o brebaje para beber; y como hubiese gran cantidad de este vino, tienen al difunto por más honrado que si se gastase poco... Quemaban diez ovejas o veinte, o más o menos, como quien era el difunto; y mataban las mujeres, niños y criados que habían de enviar con él para que le sirviesen conforme a su vanidad» [14]. Entierran junto a su cuerpo mucha comida y gran cantidad de cántaros de *chicha* y algunas mujeres vivas.

Los mayas ayunaban en honor de sus difuntos, a los que amortajaban, refiere el inevitable Landa, «llenándole la boca de maíz molido» para que tuvieran de qué comer en la otra vida; añadían algunas piedras-moneda para sufragar las necesidades imprevistas. Los caciques de la provincia de Guaturo, en Tierra Firme, ordenaban enterrar a sus súbditos con unos puñados de maíz sobre el cadáver, para que no les faltara simiente en la otra vida y pudieran cosechar y alimentarse. Con harina de maíz empolvaban los incas a sus difuntos, en la catarsis que resume todos los ciclos vitales.

El rito azteca obligaba a observar la etiqueta en la mesa del rey aunque éste hubiera muerto [15]. El cadáver real era incinerado al cuarto día de la defunción; las cenizas, en-

vueltas con la rica pedrería del dueño, se depositaban en
un aposento del palacio, ante un muñeco del tamaño de
un hombre que representaba al difunto sentado al banquete y vestido con los reales hábitos. «Poníanle delante
cada día un servicio de comida real», con gran veneración, y se quemaban plantas olorosas ante el monarca difunto mientras duraban los funerales. En esa difusa frontera entre la vida y la muerte, se revela el último eslabón
de la tragedia de los dioses: la ofrenda de sacrificios humanos.

Reservas de carne humana para los Dioses

Nunca ansió el gran Moctezuma someter a los habitantes de Tlaxcala, a pesar de la inferioridad militar y de la
vecindad amenazante de esa población. El acuerdo de la
«guerra florida» que suscribieron sus antecesores con los
caciques de la misma y también con los de Huexotzinco y
Cholula le permitían efectuar en esas tierras levas de prisioneros destinados al sacrificio. Así se lo explicó el azteca a Cortés cuando el español mostró su extrañeza porque no había sojuzgado a esas ciudades. Esa guerra
intermitente es como un juego cuidadosamente reglamen-
tado para que de él resulten prisioneros tantos enemigos
como exige la seguridad nacional y piden los dioses para
que el mundo no se hunda al impedir que los monstruos
en acecho a poniente reduzcan a la nada a los últimos supervivientes.

El imperio mexica encontró el rumbo de su expansión
cuando tomó el poder en 1486 un genial estratega que
reinó con el nombre de Ahuitzotl. El botín humano de
sus primeras batallas fue inmolado en la fiesta inaugural
del gran Templo de México cuya construcción había co-
menzado Moctezuma I. En cuatro días fueron sacrifica-

dos unos 80.000 cautivos. Las largas colas de los prisioneros discurren cansinas por las calles de Tenochtitlán, y
convergen en la plaza del Templo. No hay llantos ni gri-
tos; tan sólo se oye algún suspiro de congoja y la melopea
indecente de quienes ahogan en sangre la amenaza de los
dioses. El emperador, cansado su brazo de arrancar corazones, deja que sus sacerdotes continúen el suministro de
vidas a las divinidades sedientas de muerte. El cronista local Alva de Ixtlilochlitl se vio forzado a afirmar que en
ningún tiempo ni lugar de la historia del mundo había
ocurrido tamaña hecatombe.

Feliz oportunidad fueron las guerras entre vecinos para
Hernán Cortés, que trabó alianzas cruzadas para derrotar
al más fuerte de sus enemigos. Muy poca autoridad le
quedaba a Moctezuma, abatido por los presagios, cuando
se vio obligado por los invasores a poner buena cara [16]
mientras sustituía sus ídolos de pasta de maíz y sangre
por las imágenes de santos de madera que le entregaron
los cristianos. El jefe azteca y algunos principales de Teotihuacán suplicaron a Cortés que no publicara el enredo,
ya que temían levantamientos a causa de la sacrílega ren-
dición del templo. Justificaron además las matanzas de los
sacrificios indicando que su pueblo había llegado a la laguna tras una larga trashumancia y que, muy probablemente, habían olvidado ellos con el tiempo las buenas leyes de sus antepasados y que «yo, Cortés, como más
nuevamente venido, sabía mejor las cosas que debían hacer y creer». Los bautismos en masa estaban a punto de
ser inaugurados, aunque los invadidos habrían de poner
resistencia a la imposición de la nueva fe, a veces por las
torturas y la hoguera, durante más de un siglo de colonia.

Juan Couoh, catequista en Yaxcaba por cuenta de los
franciscanos, escondió en una gruta más de sesenta ídolos
mayas que habían pertenecido a su padre. Fue sorprendido una noche de martes en una reunión clandestina

junto con otros notables de la ciudad que se entregaban, según dijeron los oficiales de la Inquisición, a experimentos supersticiosos. El catequista suscribió uno de los más conmovedores testimonios que guardan los archivos del Santo Oficio del Yucatán, para salvar su vida delatando a diez de los suyos. La declaración de Couoh describe la comparecencia de esos militantes de la religion perseguida en la casa del cacique Diego Pech, la amenaza de muerte («me cogieron por el cabello») de que fue objeto el catequista si no sacrificaba a un indio que le presentaron con las manos atadas y la muerte de la víctima a manos del viejo sacerdote maya Gaspar Chim. Juan Couoh escapó de la trampa, según testificó con explicaciones ingenuas y tardó sólo unas horas en traicionar a sus antiguos hermanos de religión.

Los mayas sostenían que un ángel bajaba del cielo a recibir a las víctimas, y a veces cambiaban en el altar al hombre por un perro, sin menoscabo del provecho de la ofrenda. Menos abundantes, en cuanto al número de víctimas, eran los sacrificios de los incas, aunque sus dioses admitían sólo la ofrenda de niños y niñas que el inca se encargaba de reclutar entre las familias de mayor prestigio. Un eclipse de sol, un temblor de tierra, el nacimiento del heredero o la enfermedad del mismo eran razones y ocasiones propicias para inmolar víctimas infantiles, sin tara ni defecto, tan pequeñas a veces que habían de ser amamantadas antes del sacrificio para que recorrieran alegres el camino hacia la divinidad y cortaran así las calamidades que dejaban en esta tierra. De las provincias del imperio llegaban, como tributo, otras ofrendas humanas condenadas a perecer en el ara para asegurar la prosperidad a su pueblo o a su rey, «llamadas a servir a dios en un lugar glorioso».

En el cementerio de Pachacamac, asentado al borde mismo de la costa del océano que se llamó después Pacífico, los arqueólogos siguen aún elaborando torpes estadísticas para fijar las décadas de esa emigración de infantes inmolados hasta el santuario de un dios que gobernaba con gran vacilación un mundo suspendido cuyos moradores, almas en pena, percibían ya el rumor de una descomunal explosión.

13. La antropofagia: por el temor a los Dioses

El día 4 de noviembre de 1492, domingo, el almirante Colón saltó a tierra. Tenía la intención de cazar algunas aves en aquella isla cercana a La Española, y se topó con los nativos locuaces y con unos árboles de canela que le mostraba el contramaestre de la *Pinta*; a éstos los declaró él falsos de inmediato para cortar la desenfrenada borrachera de invenciones que alborotaba a la tripulación, escasamente verificadas a causa del exiguo entendimiento lingüístico en contraste con la facundia indígena. «Entendió también que lexos de allí había hombres de un ojo y otros con hocicos de perros que comían a los hombres, y que en tomando uno lo degollaban y le bebían la sangre y le cortaban su natura» [1]. Cinco semanas más tarde el Almirante distinguió el terror en los rostros de los pobladores de La Española cuando le hablaron de los *caniba*, gentes del gran can, que tienen navíos y vienen a «captivarlos, y como no vuelven, creen que se los han comido». La geografía de los mitos, explorada por Colón en los escritos de Plinio el Viejo, recibe cabal confirmación: las amazonas, mujeres guerreras que deben sufrir la ablación de un pecho para cumplir con sus deberes bélicos, habitan el territorio anterior al de los antropófagos, distante de La Española unas doce leguas, según precisa el Almirante en la carta que escribió de regreso a su protector Santángel.

El orden terrestre debe imponerse incluso a esos dos desarreglos que anuncian el final de la humanidad por su extinción vital. La calidad del paraíso caribeño baja así algunos puntos. Veintisiete años más tarde, día por día, Pigafetta ubica el territorio de los caníbales en la costa brasileña a 34° 40' de latitud meridional. No fue posible la captura de alguno de ellos, «de figura gigantesca y cuya voz parecía la de un toro» [2], porque aquellos monstruos ganaron por pies a los cien soldados de Magallanes que los perseguían. Por aquellos días ya había perdido mucho misterio y perfección la Utopía que los humanistas quisieron situar en aquellos mismos parajes.

En una gruta de Fontbrégoua (Provenza francesa), los arqueólogos encontraron a principios de 1987 huesos humanos con trazas de canibalismo cuya antigüedad fue cifrada en unos seis mil años. Las pruebas de antropofagia europea conmovieron mucho a los etnólogos y se reabrió la polémica acerca de los fundamentos de esa práctica cuya imaginería más abundante se contiene en los grabados del siglo XVI que dan noticia de la América recién revelada. Se reimprimen ahora los manuales de tan escabroso asunto y los laboratorios no alcanzan a explicar ni las dimensiones ni la causalidad del fenómeno que coloca al hombre junto a los animales comedores de su misma especie.

La incierta ley que permite comerse a un semejante

El licenciado Juan de Vadillo no pudo aplicar castigo alguno a treinta de sus soldados que se escaparon del real establecido en un pueblo de la provincia de Caramanta y que mataron su hambre en olla de dudoso contenido. El informador presente, Cieza de León, aprovecha la historia para reivindicar mayor comprensión con quienes andan en descubrimientos: hallaron los expedicionarios en el campamento indio que desde hace un año sólo consumen carne de caballo o de perro, una olla repleta de viandas, «no miraron en más de comer, creyendo que la carne era de unos que llaman curíes» [3]; llegan al gozoso punto de la hartura y un cristiano saca entonces de la burbujeante olla una mano con dedos y uñas y dos o tres cuartos de hombre, y visto lo cual «les pesó haber comido de aquella vianda, dándoles grande asco de ver los dedos y manos, mas a la fin se pasó y volvieron hartos al real».

Es ésta una más de las escabrosas peripecias que los conquistadores padecen en el despacioso momento de la adaptación americana. El maestro en infortunios Cabeza de Vaca supera con creces esa tensión dramática cuando narra la infeliz comilona de carne amiga a la que se resignaron los extraviados expedicionarios que seguían la vía de Pánuco [4]. Ocurrió en la isla del Mal Hado, en donde los niños gozan de licencia para mamar de sus madres hasta los doce años cumplidos. Sotomayor, maestre de campo, mata de un palo a Pantoja, capitán, «y así se fueron acabando, y los que morían los otros los hacían tasajos; y el último que murió fue Sotomayor, y Esquivel lo hizo tasajos, y comiendo de él se mantuvo hasta el primero de marzo», cuando un indio llegó con ayuda. Hernando de Esquivel, testigo de cargo, alimentaba su espíritu, mañana y tarde, leyendo un famoso *libro de horas* que no le salvó de la esclavitud de los indios *quevenes*.

Estos consideraron más que probada la bajeza moral de los españoles, al contemplar esa antropofagia que los expertos califican hoy de endógena, o sea, de quienes pertenecen al mismo grupo.

Mala consejera es el hambre a la hora de elegir condumio cuando el último manjar recordado es un perro consumido por la soldadesca hace varias semanas. Cuando el estómago grita durante una de las fallidas travesías hacia Tierra Firme, hay debate entre españoles sobre si «comerse los indios que llevaban o, para ahorrar lo poco que les quedaba, tirarlos al mar». La disparidad de criterios morales sólo afectaba al modo de rematar a los tripulantes autóctonos. En similar tesitura hubo de dictar sentencia frente a algunos hombres de su escuadra el eximio navegante don Juan de la Cosa, cuando se dirigía en 1504 desde la Guadalupe a la costa de Venezuela, en cumplimiento de una capitulación real obtenida por méritos de piloto transatlántico: «algunos de estos cristianos, viéndose en extraña hambre, mataron a un indio que tomaron e asaron el asadura e la comieron; e pusieron a cocer mucha parte del indio en una grande olla para qué comer en el batel»[5]. La Cosa derramó la olla «e riñó con los que entendían en este guisado, afeándoselo».

El canibalismo descubierto y certificado por Colón no era aún razón teológica suficiente para justificar la apropiación de bienes y la explotación de personas que aplicaban por doquier los españoles. El padre Las Casas teje una bienintencionada apología del indio antropófago que limita esa práctica alimentaria al rito o a la extrema necesidad. Razón de más para condenar la perfidia de los viciosos estrategas de la conquista, cuando no sólo permiten sino que obligan al indio a ese canibalismo. El dominico denuncia a Jorge de Alvarado, quien provocó la matanza de la *Noche Triste* al pasar a espada, en ausencia de Cortés, a la flor y nata de la nobleza mexicana. Asegura Las Casas [6] que Alvarado «organizaba el suministro de alimentos a sus tropas de indios dejando que ellos atacasen a otras tribus, «y como no le daba de comer a diez y a veinte mil hombres que llevaba, consentíales que comiesen a los indios que tomasen». El espectáculo resultante es tenebroso, según el testimonio del fraile acusador, pues «había en su real solemnísima carnecería de carne humana, donde en su presencia se mataban los niños y se asaban, y mataban el hombre por la manos y pies, que tenían por los mejores bocados». Ningún historiador, después de que Plinio describiera esa práctica del canibalismo entre bárbaros, había determinado tanto el método y la estadística.

Los alborotos contra el poder real establecido en la provincia de la Plata se sucedían, según cuenta Cabeza de Vaca, por culpa del levantisco capitán Domingo de Irala, alzado en armas para obtener del empecinado gobernador un permiso de exploración de la siempre incierta costa brasileña. El informe cita como acusación de fondo contra los sublevados que el capitán Irala daba licencia a los suyos «para que matasen y comiesen a los enemigos de ellos»; el cargo es de mayor cuantía si se considera que esos *guaxarapos* ya habían sido acristianados, y que el rebelde les empujaba a sus perversas usanzas.

Comuniones mexicas: el escaso placer de comer enemigos

Habló el cacique azteca a los soldados de Cortés cuando sus bergantines, lanzados a golpe de remo y viento, rompían las barricadas con las que los mexicas defendían las compuertas de la laguna: —Mira cuán malos y bellacos sois, que aun vuestras carnes son malas para comer, que amargan como las hieles, que no las podemos tragar de amargor» [7]. La antología de ese desafío repugna

sobremanera a los españoles en el estómago y en la mente
y contiene estos otros reclamos: —Oh, gracias a Dios que
no me llevaron hoy a mi a sacrificar, clama el soldado de
Cortés. —Comed las carnes de esos teules y de vuestros
hermanos, que ya bien hartos estamos de ellos, replicó el
jefe mexica.

La llamada guerra psicológica es tan vieja como la guerra misma. Ante tan definitivos desafíos, al cronista Bernal Díaz no le queda sino el recurso de la fe y sostiene
que «quiso Nuestro Señor que les amargasen las carnes» a
los aztecas para dar ánimos a los españoles. El cronista de
Medina, que virtió ya viejo toda su memoria en el papel
con la rabia del espíritu herido, conocía en el momento
del asalto el resultado de la idolatría que permite comerse
a los enemigos e incluso poner a la venta en los mercados
públicos la carne humana presentada en cuartos.

Acaba de pasar por el real de los españoles el fraile de
San Francisco Pedro de Melgarejo vendiendo «bulas del
Señor San Pedro»; pronto volvió rico a Castilla, y Bernal
Díaz se retuerce enseguida de rabia al contemplar el espectáculo después de la batalla en Chumaluacán: una muchedumbre de indios amigos se pega al regimiento español «a causa de los despojos que habían de haber, y lo
más cierto por hartarse de carne humana... como cuando
en Italia salía un ejército de una parte a otra y le siguen
los cuervos y milanos y otras aves de rapiñas». Menos furia muestra a pesar del número de víctimas amigas al dar
noticia del desastre caníbal sufrido por los de Garay,
quienes andan desmandados por el territorio de la villa de
Santisteban [8], «robando los pueblos y tomando las mujeres por fuerza, y mantas y gallinas, como si estuvieran en
tierra de moros». Ni siquiera el rigor de la conquista
americana justifica tales desmanes, consentidos en tiempos de la reconquista peninsular. Los indios, atestigua
Bernal Díaz, sacrificaron y comieron más de quinientos

españoles de los de Garay; Cortés lamenta el incidente, encarga al astuto Sandoval poner orden en aquel frente y todo se olvida en pocas semanas.

Las inciertas estadísticas de esa devastación se precisan en las informaciones redactadas por el clérigo humanista López de Gómara, cuya exageración en la materia en favor de Cortés le valió una censura real que impidió la reedición de su obra. Hasta mil hombres comían los mexicanos en un solo día, dice él en la introducción de su obra; y «porque sin muerte no hay alegría», el último día del mes primero del año matan cien esclavos, «la mayoría cautivos de guerra, y se los comen»⁹. La descripción de la matanza, mil veces repetida en las crónicas con sospechoso paralelismo de detalles, pone en evidencia a los máximos responsables: «se juntaba todo el pueblo en el templo. Los sacerdotes, después de haber hecho muchas ceremonias, ponían los sacrificados de uno a uno sobre una piedra, y vivos los abrían por el pecho con un cuchillo de pedernal; arrojaban el corazón al pie del altar..., se revestían los cueros tantos hombres honrados... Los dueños de los esclavos se llevaban sus cuerpos sacrificados, con los que hacían plato a todos sus amigos; quedaban las cabezas y corazones para los sacerdotes».

No es verdad que cada labrador debiera dar al sacrificio a uno de cada tres de sus hijos, protesta después el de Gómara; es cierto que esas bacanales, borracheras sangrientas y regocijos espantosos se hacían para mantener vivos al Sol, a la Luna y al Lucero del alba. Aquella solidaridad entre el hombre y el universo se restauraba cuando los seis sacrificadores que coloca el jesuita Acosta en el lugar de los holocaustos cumplían con su tarea cósmica en la carne de las víctimas¹⁰: «el sumo sacerdote le abría el pecho con aquel cuchillo, con una presteza extraña, arrancándole el corazón con las manos, y así vaheando se lo mostrava al sol, a quien ofrecía aquel calor y vaho del corazón». Acosta pone el límite de la inmolación y del posterior consumo en cuarenta y cinco víctimas, y extiende el rito a todos los pueblos amigos o conquistados del bloque mexica.

En la vibrante exculpación de esas liturgias que han sentenciado algunos autores como Charles Duverger (*La flor letal. Economía del sacrificio azteca*) y Charles Gallenkamp (*Los mayas. Una misteriosa civilización sepultada*) se percibe el embarazoso razonamiento de quienes rebajan los hechos y las cifras a la categoría de las incertidumbres aritméticas, para elevar al rango de la verdad el profundo temor humano frente a los dioses. La dictadura de la astrología y de la adivinación, el reglamento social de clases y servicios, la religión de estado, el voluntarismo ilustrado y las simbologías pretéritas no alcanzan a borrar el reguero de los baños de sangre ni apagan el clamor de los feroces sacrificios colectivos.

La antropofagia, pecado abominable según la ley de los cristianos, induce a reflexión a uno de ellos, el agustino Jerónimo Ramón y Zamora, sobre los límites del orden moral de aquellos pobladores de la América aún innominada. En su compilación *Las repúblicas del mundo*, el polígrafo lava a los aztecas de toda sospecha de barbarie, porque toleran la prostitución, el concubinato y las relaciones prematrimoniales, al tiempo que reprimen el incesto y la sodomía: ese es el inseguro equilibrio en el código moral de un pueblo que sólo reconocía como infracciones de la ley de los hombres aquellas que rompían la armonía del universo íntegro.

Brasil: la táctica de engullir la ferocidad del tigre

Las islas del Caribe occidental, zona tórrida pero acogedora según refiere a Lorenzo el Magnífico su agente se-

misecreto Vespucci, están pobladas mayormente por caníbales. «No se comen entre ellos, sino que navegan en
ciertas embarcaciones... y van a traer presa de las islas o
tierras comarcanas, de una generación enemiga... No comen mujer ninguna salvo que las tengan como esclavas».[11]
El piloto mayor de la Mar Océana sigue con la misma diligencia los rastros de los huesos de tales banquetes y las
estrellas que le indican la distancia que le separa del meridiano de Cádiz: mil trescientas sesenta y seis leguas.

Cuando la escuadra arriba a las costas inequívocas que el
Tratado de Tordesillas adjudicó en 1494 al rey de Portugal,
Vespucci refiere su encuentro con gentes belicosas y crueles, invoca a su admirado Petrarca para explicar la escasa
mortandad de sus dardos y saetas («son armas y golpes
confiados al viento») y describe la orgía a la que se entregan los antropófagos «cuando les da una furia diabólica,
convidan a los parientes y al pueblo, y los ponen delante,
esto es la madre con todos los hijos y con ciertas ceremonias los matan a flechazos y se los comen»[12]. La insufrible
escena, con la carne humana tostándose al rescoldo de la
lumbre, representa la venganza de la muerte de los antepasados, según sus actores, alguno de los cuales afirma haber
probado la carne de más de doscientos cadáveres.

En aquellas poblaciones «que luchan entre sí sin ley y
sin orden», Vespucci carece de referencias, se pierde por
ingenuo y acumula curiosidades que harán temblar a las
damas de la corte florentina: estos brutales personajes de
la costa brasil no tienen rey, viven según la naturaleza, se
comen los unos a los otros, secan en sus casas carne humana y sus mujeres desnudas llevan al paroxismo de la
lujuria a los cristianos que se unen a ellas y para colmo viven hasta ciento cincuenta años. De dónde les venga la
bárbara costumbre de la antropofagia es cuestión muy
debatida entre cronistas. Probablemente la solución más
original a tan intrincada disputa se contiene en la si-

guiente anotación del diario de Pigafetta [13] que comienza catalogando a los brasileños como hombres no cristianos, pero tampoco idólatras:

«una vieja no tenía más que un hijo que fue muerto por los enemigos: algún tiempo después el matador de su hijo fue hecho prisionero; para vengarse, la madre se arrojó como una fiera sobre él y a bocados le arrancó la espalda.» Escapó el desdichado, contó a los de su tribu el percance y ellos «para no ser menos feroces, se determinaron de verdad a comerse a sus enemigos».

Se disponía la escuadra de Vespucci a doblar el emblemático cabo de San Agustín, cuando el primer cristiano de la expedición cayó en manos de mujeres caribes, y fue despedazado, asado y comido ante la atónita e impotente mirada de los compañeros; en vista de la multitud de gente bárbara, el capitán prohibió que cuarenta voluntarios saltaran a tierra para vengar «la injuria intolerable». Ese debió ser, seguramente, el primer episodio del género que se repetiría, a veces con variantes muy curiosas, en aquellas mismas regiones a las que, según una crónica apócrifa, habría llegado desde Dieppe el francés Jean Cousin, con un Pinzón a bordo, cuatro años antes de que Colón hiciera la primera travesía. Más parece el cuento invención de archiveros en celo que epopeya verídica, en vista de la falta total de apoyos documentales.

En torno al cabo de San Agustín se libró de ser comido por el rey Cuhäbebe uno de los más desdichados personajes de aquellos desembarcos, Hans Standen, haciéndose pasar por francés en vista de la amistad concedida por el jefe brasil a los normandos en avanzadilla, quienes, según cuenta otra artificiosa crónica, trajeron a Francia en 1531 a bordo de la fragata llamada *La Peregrina* seiscientos periquitos que ya habían aprendido a pronunciar algunas palabras en francés. Mas el negocio de Hans Standen es mayormente de supervivencia, y no de interpretación: Cuhäbebe le corta el aliento cierto día advirtiéndole que «ya se ha comido él a cinco portugueses que se hacían pasar por franceses, pero mentían». Standen se libró, por fin, del acoso de aquel líder de la antropofagia en el mismo instante en que le afeó tal costumbre y el gran jefe tupinambá le replicó: —¡yo soy un Tigre!

En un ambiente espeso de hogueras, alaridos y danzas el enemigo-prisionero-héroe peligroso cae en las garras de un irrefrenable impulso caníbal. La seguridad de la tribu obliga a su exterminio integral, es decir a engullirlo; matar y comer, chupar la sangre («las mujeres eran las más excitadas», apunta un cronista), respirar el espíritu del vencido y heredar sus virtudes son los agentes instintivos que movieron durante siglos a los habitantes de la vasta cuenca amazónica a esa antropofagia que los modernos tratadistas catalogan como ritual. La modalidad suprema del género retorna al mito, y tiene como protagonistas a las *Muchachas de la Luna*. Eran éstas jóvenes prisioneras que no llegaban a concebir a pesar de las múltiples violaciones a que eran sometidas; el jefe de los Kusse las destinaba al sacrificio y se refocilaba después con su carne frondosa y estéril a modo de golosina. El banquete se celebraba durante el eclipse y todos sabían que la de aquellas muchachas era sangre de luna.

Perú: un modelo justificado de dominación del bárbaro

Bajo la línea ecuatorial el ejercicio de la antropofagia se modera y los informadores se limitan a constatarlo en algunas zonas, sin el espanto que suscita al norte del equinoccio. De los patagones caníbales, Pigafetta limita el apunte a la estampa de aquellos gigantes que se defienden... huyendo; las tribus de las riberas del Paraguay con-

ceden a sus hijos el confuso deleite de quebrar a palos la
cabeza de los enemigos prisioneros, «y luego como es
muerto el que le da el primer golpe toma el nombre del
muerto... en señal de que es valiente, y luego las viejas lo
despedazan y cuecen en sus ollas y lo reparten entre sí, y
lo comen» [14]. Cabeza de Vaca narra asimismo la aventura
del capitán Francisco de Ribera, en la demarcación del
puerto de los reyes, y el triste fin de varias decenas de indios guaraníes recién bautizados quienes pescaban por
cuenta de los españoles en aguas de una laguna dominada
por los xaqueses y socorinos. Rondaba la peste por la región, a causa de las malsanas crecidas del río, y los propietarios de la zona aprovecharon la debilidad del invasor
para capturar en las canoas de pesca a cinco de aquellos
conversos que fueron despedazados y comidos.

En el Imperio inca, la antropofagia es perversión sólo
practicada en las tribus periféricas que escapan a la ley del
fuerte poder central. El cronista Garcilaso deja caer en
sus escritos con precisión de escribano las malas artes que
usan los pobladores de las lejanas provincias, ávidos de
carne humana, cuando se enfrentan al organizado ejército
del gran Inca: chupan la sangre del guerrero moribundo,
lo descuartizan y lo comen; «de las tripas hacían morcillas
y longanizas, hinchéndolas de carne por no perderlas».
La barbarie, que anida muy lejos del templo de Sacsahuamán, llega al colmo [15] cuando los chiriuanas comen a los
hijos de sus cautivas, a éstas cuando se hacen viejas y al
familiar difunto, cocido si es de pocas carnes y asado si de
muchas. Esa bien urdida *leyenda gris* justificó las sangrientas invasiones incas de aquellos territorios bárbaros;
Garcilaso conservó la clave y cambió sólo el nombre de
los protagonistas para avalar lo ajustada a la ley natural
que resultaba la conquista española.

Al sumario de ese proceso contra infieles se añaden los
cargos contenidos en otros testimonios no menos intere-

sados, como el de Cieza de León. El capitán justiciero apunta, entre batalla y descripción de ríos y volcanes, los lugares innobles en los que las gentes de la provincia de Arma [16] o los súbditos del cacique Nutibara se entregan a la adoración de sus dioses y a la ofrenda de carne humana, la de sus enemigos, «de quien se hacían sacrificios y luego, sin tardar mucho, comían los cuerpos de los que ansí mataban». Un clamor de exterminio civilizado se alza de las filas cristianas frente a esa barbarie concentrada. Tantas desviaciones de la naturaleza humana sólo podrían ser corregidas por la fe capaz de fulminar a los ídolos perversos y por la represión civil y eclesiástica de tantos vicios cuya descripción *ad nauseam* oprime las mentes de los cronistas oficiales con figuraciones de sangre, sexo y sacrificios.

Desventura de los pueblos que se consumen de amor

Los indios comen poco cuando gozan de buena salud, y casi nada cuando están enfermos [17]. En aquel Nuevo Mundo cuya geografía se pinta a retazos no se crían animales para el consumo de su carne, y los pobladores de las islas y de la Tierra Firme practican una frugalidad y una abstinencia que no precisa de bulas romanas. El pecado de la gula no tiene acomodo en aquellas tierras, y sus habitantes, sin embargo, practican la lujuria hasta límites insospechados. Se casan apenas cumplidos los diez años, y se pervierten, según la enseñanza de Aristóteles, porque el uso intempestivo del matrimonio corrompe al hombre y daña a la mujer. De nada le vale al padre Las Casas, en la célebre controversia acaso trabada en Valladolid, aducir que ese anticipo sexual no era regla extendida en aquellos vastos territorios. Las siguientes perversiones son de obligado cumplimiento: la poligamia, la sodomía, la promiscuidad... El papa azteca debía yacer cada mañana con la primera mujer que se presentara en su convento. Los encomenderos que participan en la encuesta encargada a los monjes jerónimos en 1517 reiteran la calidad del vicio que sólo despierta de su letargo al indio para copular. Fernández de Oviedo denuncia la sodomización heterosexual que ejecuta el cacique Behechio con sus múltiples esposas. Los homosexuales se prostituían por la calle en Tenochtitlan, y Cortés invoca a la autoridad de Moctezuma (?) para cortar el desenfreno «de aquellos jóvenes vestidos de mujer que vivían de aquel vicio maldito». No contó el pliego de descargo contenido en el *Libro de oro y thesora indico*, recopilación de un copista vallisoletano, en el que la ley azteca establece la pena de horca para los homosexuales. Pánfilo de Narváez obtuvo el permiso real para explorar el río de Las Palmas porque habría de exterminar allí a sus pobladores sodomitas. Las amazonas, cuyo territorio linda con el de los antropófagos, rehúsan amamantar a sus hijos, aunque son extremadamente incontinentes. La perversión de las mujeres caribes se demuestra por los escasos efectos negativos que el embarazo y el parto tenían en sus pechos y en su vientre, segun el piloto Vespucci. Las hembras caníbales parían sin dolor, mientras sus maridos, afirma Pedro Mártir desde su escritorio de Valladolid, «van a la caza de hombres como hacen los cazadores cuando salen al bosque a matar ciervos y jabalíes». Se llama caribe y antropófago a todo indígena que se opone a la progresión de la conquista y de la fe. La primera comida matutina del sacerdote en el templo de Camaxtle «era de carne humana y los profanos cargaban sus mesas con manjares preparados con las mismas carnes» [18]. Los muchachos con hábitos de mujeres sirven esa carne a los papas, «cortábanles las piernas a las víctimas, y los brazos y los muslos, y lo comían como vaca que se trae de la carnecería» [19]. Considera el

capellán López de Gómara que nunca hubo en el mundo
gente más, ni aun tan idólatra, tan matahombres, tan co-
mehombres. Cortés exigió la conversión de la Malinche
antes de esposarla, porque del rito secreto a la oposición
clandestina no hay más que un paso. La fase suprema de
esa resistencia del idólatra es la rebelión: los indios de la
isla de las Perlas [20] que «habían empezado a sentir las do-
lorosas punzadas de los españoles. Se rebelaron al amanecer, asaltaron a los españoles y organizaron una sangrienta matanza. Luego, bailando y saltando, se comieron
no solo a los seglares, sino a los frailes tambien».

En las tierras descubiertas al extremo occidente del globo hay verano perpetuo y las gentes que las habitan son de corazón melancólico. Se avergüenzan los cristianos en aquellos días de la ocupación de Jerusalén por los alfanjes de Bayacid, sucesor de Mehmed II, el enemigo declarado del emperador Carlos que mató al rey San Luis en la guerra de Hungría. El lagarto francés del escudo de Francisco I busca alianza cruzada con el musulmán para remediar su privación de tierras americanas. El gran Turco y Carlos de Gante se reparten el poder entre Constantinopla y Valladolid, desde Trapesunda hasta la recién inventada Tierra Firme. El sultán equivocó las modernas rutas comerciales y su imperio se desmembró. El emperador encetó el saco roto alemán del oro y de la plata, gastó sin medida las rentas del Nuevo Mundo y honró muy moderadamente a los peruleros que se presentaban en su Corte trashumante de flamencos, bávaros, castellanos y vaticanistas. Aquellos meridianos caribes, andinos y patagones tardaron décadas en dejar de ser *tierra ignota*. La hora de su ingreso en los atlas universales fue acompañada de mucha muerte y grande sufrimiento. Nunca se midió con precisión el acabamiento del indígena; los que andaban en conquista echaron en falta más veces una cesta de maíz que otra de oro. Pasar hambre no aguza el ingenio, y predispone a la codicia, a la destrucción. Triste modo fue ese de cumplir el trámite humano más importante desde la creación del mundo.

Y sin embargo, aquella gesta que quebrantó la última quimera de la humanidad comenzó bajo los auspicios de la mejor estrella. El domingo, 15 de julio, Colón sueña que las lejanas islas de la Antilla y de San Brandón, calcula las distancias y ordena embarcar en las carabelas víveres suficientes para quince meses, agua para medio año y abundante pacotilla para mercar con infieles.

Hoy hace 500 años.

París, a 15 de julio de 1992

Capítulo 1.

[1] Colón, p. 65.
[2] Colón, p. 140.
[2] Colón, p. 127.
[2] Colón, p. 89.
[5] Colón, p. 92.
[6] Vázquez, p. 64.
[7] Colón, p. 71.
[8] Colón, p. 140.
[9] Pedro Mártir (Mondo Nuovo), p. 131.
[10] Pedro Mártir (Storia), p. 13.
[11] Acosta, p. 272.
[12] Colón, p. 141.
[13] Pigafetta, p. 47.
[14] Cabeza de Vaca, p. 63.
[15] Cabeza de Vaca, p. 21.
[16] Cabeza de Vaca, p. 31.
[17] Cabeza de Vaca, p. 62.
[18] Cortés, p. 85.

---

* Las páginas remiten a las ediciones citadas en la bibliografía.

[19] Cieza (Descubrimiento), p. 48.
[20] Garcilaso, (II. cap 21)
[21] Las Casas, p. 76.
[22] Cabeza de Vaca, p. 62.
[23] Acosta, p. 273.
[24] Vázquez, p. 47.
[25] Pedro Mártir (Storia), p. 13.
[26] Cieza (Crónica), p. 37.
[27] Acosta, p. 266.
[28] Díaz del Castillo, p. 97.

Capítulo 2.

[1] Acosta, p. 252.
[2] Acosta, p. 274.
[3] Acosta, p. 268.
[4] Díaz del Castillo, p. 356.
[5] Cabeza de Vaca, p. 113.
[6] Acosta, p. 269.
[7] Colón, p. 144.
[8] Cortés, p. 209.
[9] Díaz del Castillo, p. 492.
[10] Cortés, p. 213.
[11] Díaz del Castillo, p. 495.
[12] Alva, p. 150.
[13] Benavente, p. 70.
[14] Sahagún, p. 947.
[15] Cárdenas, p. 235.
[16] Cieza (Descubrimiento), p. 51.
[17] Cieza (Descubrimiento), p. 72.
[18] Cieza (Descubrimiento), p. 248.
[19] Cieza (Descubrimiento), p. 323.
[20] Cieza (Descubrimiento), p. 332.
[21] Cieza (Descubrimiento), p. 148.
[22] Cieza (Crónica), p. 142.
[23] Las Casas, p. 179.
[24] Acosta, p. 260.
[25] Benzoni, p. 200.
[26] Vázquez, p. 99.
[27] Vespucci, p. 27.
[28] Cieza (Crónica), p. 55.
[29] Ocaña, p. 49.

30 Acosta, p. 30.
31 Cieza (Descubrimiento), p. 231.
32 Benavente, p. 242.
33 Acosta, p. 260.
34 Cieza (Crónica), p. 52.
35 Oviedo, p. 101.
36 Díaz del Castillo, p. 500.

Capítulo 3.

1 Jiménez Quesada, Perú, 1537.
2 Benzoni, p. 194.
3 Colón, p. 210.
4 Díaz del Castillo, p. 568.
5 Anónimo, p. 66.
6 Cobo, p. 336.
7 Poma, p. 190.
8 Poma, p. 245.
9 Cieza, (Crónica), p. 182.
10 Garcilaso, p. 302.
11 Sahagún, 311.
12 Alva, p. 184
13 Cieza (Descubrimiento), p. 226.
14 Cortés, p. 61.
15 Acosta, p. 256.
16 Cortés, p. 67.
17 Cieza (Crónica), p. 74.
18 Cárdenas, p. 171.
19 Cieza (Crónica), p. 255.
20 Garcilaso, p. 306.
21 Poma, p. 336.
22 Garcilaso, p. 307.
23 Benzoni, p. 152.
24 Ocaña, p. 162.
25 Oviedo, p. 63.
26 Vázquez, p. 140.
27 Ocaña. p. 207.
28 Hernández, p. 70.
29 Gómara, p. 441.

Capítulo 4.

1 Gómara, p. 485.
2 Colón, p. 73.
3 Colón, p. 210.
4 Oviedo, p. 57.
5 Acosta, p. 283.
6 Cortés, 178.
7 Garcilaso, 358.
8 Pedro Mártir (Mondo Nuovo), p. 186.
9 Benzoni, p. 158.
10 Oviedo, p. 55.
11 Díaz del Castillo, p. 604.
12 Gómara, p. 485.
13 Garcilaso, p. 365.
14 Cieza (Crónica), p. 114.
15 Benavente, p. 290.
16 Garcilaso, p. 370.
17 Cieza (Crónica), p. 129.
18 Ocaña, p. 69.
19 Acosta, p. 85.
20 Cabeza de Vaca, p. 124.
21 Garcilaso, p. 336.
22 Cieza (Crónica), p. 96.
23 Benavente, p. 242.
24 Garcilaso, p. 369.
25 Acosta, p. 259.

Capítulo 5.

1 Colón, p. 211.
2 Acosta, p. 290.
3 Colón, p. 214.
4 Acosta, p. 289.
5 Gómara, p. 196.
6 Garcilaso, p. 201.
7 Gómara, p. 175.
8 Hernández, p. 119.
9 Gómara, p. 403.
10 Garcilaso, p. 314.
11 Valverde, p. 44.
12 Acosta, p. 294.

13 Oviedo, p. 99 y ss.
14 Sahagún, pp. 780-850.
15 Garcilaso, p. 360.
16 Díaz del Castillo, p. 506.
17 Ocaña, p. 59.
18 Oviedo, p. 124.
19 Gómara, p. 187.
20 Benzoni, p. 216.
21 Acosta, p. 298.
22 Gómara, p. 80.
23 Landa, p. 166.
24 Gómara, p. 63.
25 Ocaña, p. 243.
26 Pigafetta, p. 51.
27 Acosta, p. 289.

Capítulo 6.

1 Anónimo, p. 65.
2 Anónimo, p. 100.
3 Gómara, p. 85.
4 Gómara, p. 165.
5 Cieza (Descubrimiento), p. 152.

Capítulo 7.

1 Cortés, p. 61.
2 Hernández, p. 66.
3 Colón, p. 145.
4 Benzoni, p. 218.
5 Benavente, p. 241.
6 Chilam, p. 87.
7 Anónimo, p. 127.
8 Oviedo, p. 126.
9 Cárdenas, p. 137.
10 Cárdenas, p. 146.
11 Cárdenas, p. 149.
12 Cárdenas, p. 153.

Capítulo 8.

[1] Colón, p. 134.
[2] Cárdenas, p. 237.
[3] Gómara, p. 453.
[4] Pomar, p. 69.
[5] Landa, p. 75.
[6] Gómara, p. 453.
[7] Benzoni, p. 154.
[8] Cobo, p. 347.
[9] Ocaña, p. 169.
[10] Cieza (Crónica), p. 136.
[11] Cárdenas, p. 255.
[12] Benavente, p. 75.
[13] Landa, p. 76.
[14] Hernández, p. 72.
[15] Benzoni, p. 227.
[16] Benavente, p. 293.

Capítulo 9.

[1] Vespucci, p. 122.
[2] Cieza (Crónica), p. 249.
[3] Monardes, p. 276.
[4] Cárdenas, p. 168.
[5] Garcilaso, p. 313.
[6] Garcilaso, p. 312.
[7] Cieza (Crónica), p. 155.
[8] Cobo, p. 473.
[9] Benzoni, p. 149.
[10] Colón, p. 69.
[11] Pomar, p. 94.
[12] Cárdenas, pp. 193-200.
[13] Oviedo, p. 79.
[14] Monardes, pp. 153-167.
[15] Anónimo, p. 127.

Capítulo 10.

[1] Gómara, p. 452.
[2] Cabeza de Vaca, p. 52.

[3] Oviedo, p. 159.
[4] Pomar, p. 87.
[5] Pigafetta, p. 57.
[6] Sahagún, p. 837.
[7] Gómara, p. 186.
[8] Cárdenas, p. 248.
[9] Farfán, fol. 33.

Capítulo 11.

[1] Chilam, p. 125.
[2] Díaz del Castillo, p. 88.
[3] Cabeza de Vaca, p. 80.
[4] Pomar, p. 51.
[5] Landa, p. 167.
[6] Vespucci, p. 113.
[7] Benzoni, p. 151.
[8] Cárdenas, p. 176.
[9] Hernández, p. 106.
[10] Hernández. p. 113.
[11] Cortés, p. 71.

Capítulo 12.

[1] Landa, p. 106.
[2] Benavente, p. 76.
[3] Benavente, p. 987.
[4] Díaz del Castillo, p. 194.
[5] Acosta, p. 320.
[6] Garcilaso, p. 223.
[7] Landa, p. 86.
[8] Hernández, p. 62.
[9] Acosta, 369.
[10] Landa, p. 92.
[11] Gómara, p. 475.
[12] Hernández, 185.
[13] Acosta, p. 347.
[14] Cieza (Crónica), p. 257.
[15] Pomar, p. 64.
[16] Cortés, p. 68.

Capítulo 13.

[1] Colón, p. 89.
[2] Pigafetta, p. 51.
[3] Cieza (Crónica), p. 70.
[4] Cabeza de Vaca, p. 50.
[5] Oviedo, p. 56.
[6] Las Casas, p. 119.
[7] Díaz del Castillo, p. 374.
[8] Díaz del Castillo, p. 424.
[9] Gómara, p. 463.
[10] Acosta, p. 355.
[11] Vespucci, p. 57.
[12] Vespucci, p. 78.
[13] Pigafetta, p. 48.
[14] Cabeza de Vaca, p. 126.
[15] Garcilaso, p. 23.
[16] Cieza (Crónica), p. 77.
[17] Farfán, p. 179.
[18] Hernández, p. 192.
[19] Díaz del Castillo, p. 109.
[20] Benzoni, p. 111.

ACOSTA, JOSÉ DE (1540-1600), *Historia natural y moral de las Indias*. Ed. Historia 16, Madrid, 1986.

ALVA IXTLILXOCHILT, FERNANDO DE (1578-1650), *Historia de la nación chichimeca*. Ed. Historia 16, Madrid, 1985.

ANGHIERA, PIETRO MARTIRE D' (1457-1526), *De orbe novo*. 1530.

ANÓNIMO, *Cantos y Crónicas del México antiguo*. Ed. Historia 16, Madrid, 1986.

BENAVENTE, FRAY TORIBIO DE (1482-1569), *Historia de los indios de la Nueva España*. Ed. Historia 16, Madrid, 1985.

BENZONI, GIROLAMO (1519-1572), *Historia del Nuevo Mundo*. Alianza Editorial, Madrid, 1989.

CABEZA DE VACA, ÁLVAR NÚÑEZ (1507-1559), *Naufragios y Comentarios*. Ed. Espasa Calpe, Madrid, 1985.

CÁRDENAS, JUAN DE (1563-1615), *Problemas y secretos*

maravillosos de las Indias. Alianza Editorial, Madrid, 1988.

CHILAM BALAM DE CHUMAYEL (s. XVI), *Escritos*. Ed. Historia 16, Madrid, 1986.

CIEZA DE LEÓN, PEDRO DE (1518-1560), *La crónica del Perú*. Ed. Espasa Calpe, Madrid, 1962.

CIEZA DE LEÓN, PEDRO DE (1518-1560) *Descubrimiento y conquista del Perú*. Ed. Historia 16, Madrid, 1986.

COBO, P. BERNABÉ S.J. (-), *Historia del Nuevo Mundo*. Imprenta de E. Rasco. Sevilla, 1890.

COLÓN, CRISTOBAL (1451-1506), *Los cuatro viajes. Testamento*. Alianza Editorial, Madrid, 1986.

CORTÉS, HERNÁN (1485-1587), *Cartas de la conquista de México*. Ed. SARPE, Madrid, 1985.

DÍAZ DEL CASTILLO, BERNAL (1492-1580), *Historia verdadera de la conquista de la Nueva España*. Ed. Espasa Calpe, Madrid, 1985.

FARFÁN, FR. AGUSTÍN (-), *Tratado breve de medicina*. México, 1592.

FERNÁNDEZ DE OVIEDO, GONZALO (1478-1557), *Sumario de la natural historia de las Indias*. Ed. Historia 16, Madrid, 1986.

GARCILASO DE LA VEGA, el Inca (1539-1616), *Comentarios Reales de los Incas*. Ed. Biblioteca de Autores Españoles, Madrid, 1963.

HERNÁNDEZ, FRANCISCO (1517-1578), *Antigüedades de la Nueva España*. Ed. Historia 16, Madrid, 1986.

JIMÉNEZ DE QUESADA, GONZALO (1500-1580), *Relación*. 1537.

LANDA, DIEGO DE (1524-1579), *Relación de las cosas del Yucatán* Ed. Historia 16, Madrid, 1985.

LAS CASAS, FRAY BARTOLOMÉ (1474-1566), *Brevísima relación de la destrucción de las Indias*. Ed. Cátedra, Madrid, 1987.

LÓPEZ DE GÓMARA, FRANCISCO (1511-1559), *La conquista de México*. Ed. Historia 16, Madrid, 1987.

MONARDES, NICOLÁS DE (1493-1577), *La Historia Medicinal de las cosas que se traen de nuestras Indias Occidentales (1565- 1574)*. Ed. Ministerio de Sanidad. Madrid, 1989 (facsímil).

OCAÑA, DIEGO DE (1565-1608), *A través de la América del Sur*. Ed. Historia 16, Madrid, 1987.

PIGAFETTA, ANTONIO (1491-1534), *Primer viaje en torno del Globo*. Ed. Espasa Calpe, Madrid, 1963.

POMA DE AYALA, FELIPE GUAMÁN (1534-1617), *Nueva crónica y buen gobierno*. Ed. Historia 16, Madrid, 1987.

POMAR, JUAN BAUTISTA (-), *Relación de Tezcoco* (en *Relaciones de la Nueva España*. Ed. Historia 16, Madrid, 1991).

SAHAGÚN, FRAY BERNARDINO DE (1500-1590), *Historia general de las cosas de la Nueva España*. Ed. Historia 16, Madrid, 1990.

VALVERDE, VICENTE (1502-1541), *Relación del sitio de Cuzco*. Madrid, Colección de libros españoles raros y curiosos, T. XIII.

VÁZQUEZ, FRANCISCO (-), *Crónica de la expedición de Pedro de Ursúa y Lope de Aguirre*. Alianza Editorial, Madrid, 1987.

VESPUCCI, AMERIGO (1454-1512), *Cartas de viaje*. Alianza Editorial, Madrid, 1986.

PRIMERA PARTE
LA CONQUISTA DE LA DESPENSA ULTRAMARINA